BUSHI HAIZI
BU YOUXIU,
ERSHI FUMU
GUAN TAI DUO

教子有方系列

不是孩子不优秀，
而是父母管太多

胡玲美　著

上海教育出版社
SHANGHAI EDUCATIONAL
PUBLISHING HOUSE

目　录

引 言

不宠爱才能
教出好孩子

教育，是一件一再重复相同内容的工作，虽然有时候它并不管用。也许是因为父母的执着或错误的期待，以为只要重复得够多够久，孩子终究会改变他们的行为，会变得更好。这样的期待虽然不合理，却可以理解，因为几乎所有的父母都有同样的心态。

　　成为父母后，面对年幼的孩子，我们变成了一个整天唠叨不停，不断给孩子下指令的人，即使我们因此而内心充满负疚感，也无助于改变自己的教养方式。在我们的"疲劳轰炸"下，孩子也自有一套生存之道，他们变成一个个"听不到妈妈"的人，只要一听到妈妈讲话，就自动关上"接收雷达"。

　　也许人们会觉得，看到孩子这样的回应态度，父母应该寻找其他更有效的方法。但不幸的是，许多人依然陷入了教养的怪圈之中，不停地尝试，却不懂得使用不同且有效的方法与孩子沟通。

不论是教育界还是职场，常常有人会说："现在的孩子都被宠坏了。"同时指责父母过度保护孩子，为孩子做得太多，使得孩子没有勇气承担责任，而且行为与待人都显得粗鲁且无礼。父母不忍心让孩子从错误中得到教训，不愿意让孩子尝到失败的后果，反而放纵孩子，而自己像架直升机似的，随时下降解救孩子……

在教养的问题上，一旦孩子犯错，表现不得体或不如人意，被指责没有尽到责任的人永远是父母，而非孩子。身边长辈的回应是批评，而非具体的建议。

本书所提供的建议正好相反。对于被教养问题搞得"一个头两个大"的父母，本书不会给予责备，也不会提出一大堆建议，并一定要父母们照着做，更不会语带威胁地预测：如果父母对孩子妥协，就会发生什么可怕的后果。

本书所提供的是实用的指引、秘诀与技巧，能帮助父母在为孩子制定规则时，避免产生挫败感，并且使他们对自己与孩子之间的互动感到更有能力和更有信心。在本书中，我们鼓励父母关爱孩子，但更要约束孩子，不可借由答应孩子的每一个愿望，来达成我们预期的教养目标。孩子的欲望就是一个无底洞，应该加以约束和限制。孩子毕竟分不清楚他们的欲望和需要之间有何不同，帮助他们清楚地区分，正是我们的责任。

　　我们以非常容易理解的方式，把所有最好的观点与方法组织起来，让忙碌不堪的父母可以方便地使用。当你开始学习和运用这些技巧时，你会发现自己充满了力量，即使陷入困境，也能维持稳定的信心。

第 1 章

父母管教没弹性，
孩子就会发动"战争"

01

用规则教孩子，要有坚持也要有弹性

亲子工作的责任之一，就是为孩子制定适当的规则，以保护孩子的健康、安全，并建立家中的生活秩序。但是在制定规则时，必须平衡"坚持"和"弹性"的要求，才能让孩子在接受"约束"时，也享有"自由"。

应当"坚持"的规则，指的是"不可讨论的"事情，例如健康、安全、基本价值观等；"弹性"的规则，则是指"可讨论的"事情，例如个人的选择、因应方便性、个人的喜好等，是你也许不喜欢但是可以让步或妥协的事情。

给孩子选择权，他才不容易出现反抗行为

其实，父母为孩子制定的大部分规则，都是为了让孩子达到预定目标的一种手段。当你赋予孩子决定如何达成目标的选择权，并让他觉得自己拥有了"掌控的能力"时，他就不太会反抗。

例如，当你规定孩子必须在六点以前洗好澡，有时候他会想尽各种借口抗拒踏进浴缸，这时你便可以给他选择权：洗完澡后，就让他看最喜爱的卡通影片，或者吃他最喜欢的餐前小饼干。

睡觉时间到了，但孩子却说不困，想要继续玩玩具。这时你可以让他自己决定：把玩具拿到床上再玩十分钟，或者躺在床上安静地看书。只要孩子愿意上床或躺在床上，等他够累的时候，自然而然就会睡着了。

在每天例行的生活作息中，如果你能给孩子一些弹性和自由，你就会发现，他越来越能够接受自己的决定所带来的挑战，同时他也会从这些挑战中，了解到生活中许多不同的可能性。

与孩子明确"可讨论"和"不可讨论"的规则

父母说话的语气和所使用的词汇，往往是亲子之间是否发生愤怒的权力战争，或者是否能让彼此关系更亲密的重要影响因素。其关键就在于，父母必须要坚定且清楚地陈述规则和期望。尤其当陈述期望时，绝对不可以出现愤怒的语气，否则只会促使孩子反抗你所传达的讯息。

在陈述规则与期望时，最清楚且坚定的方式，就是把它们分别归列为"可讨论的"和"不可讨论"的事情。需要特别提醒的是，"可讨论的"并不表示任何事情的规则都可以改变，而只是保留弹性。例如：

"可讨论的"规则

- 要穿什么衣服
- 喜欢吃什么食物
- 可以看多久电视
- 可以看哪些电视节目
- 关灯睡觉的时间
- 帮忙分担哪些家务

"不可讨论的"规则

- 不准独自穿越马路

- 不准对人没有礼貌

- 不准说脏话或诅咒别人

- 不准打人、咬人或踢人

- 起床与睡前要自己刷牙

- 做完功课后才能看电视

- 收拾自己的玩具和文具

当你忙到分身乏术，或工作到疲惫不堪，或孩子哭闹不休时，你也许会觉得这些规则根本一点都不管用。你的意志力几近崩溃，很想要让步，甚至投降，只希望孩子可以停止哭闹、不讲理。只是，一旦你这样做，无疑是帮孩子开了一道"可以不遵守规则"的大门。长远而论，让孩子正视并谨守这些"不可讨论"的规则，不仅可以减轻父母的管教压力，还能教导孩子学会自律。

不要对孩子用"……好吗？"的请求语气

在面对你的要求时，若孩子以不理会、反抗或嬉笑的态度来回应，你该如何处理？这个时候，你不妨试试一个对孩子极具约束力的方法——权威的语气。它绝对可以大大地减少你们亲子冲突的频率，使你再也不必每天被孩子搞得筋疲力尽。

有位妈妈绞尽脑汁要让五岁的女儿乖乖吃饭，但女儿却不停地挖起盘子里的食物，将它们往上撒，看着它们飞落到地板上，然后哈哈大笑。妈妈只能疲惫地摇头叹气。

以下是她们母女的对话：

妈妈："宝贝，请别再玩你的食物了，好吗？"她耐着性子请求。

女儿："为什么？很好玩啊！你看……"她又把食物拨飞到天空中，并发出咯咯的笑声。

妈妈："宝贝，食物是用来吃的，不是拿来玩的。你把食物撒得到处都是，看起来又脏又恶心。乖乖地吃饭，好吗？"这次她的语气坚定了一些。

女儿："我不要！我要玩！"

现在，你看得出来这位妈妈的问题出在哪里了吗？显然，问题在于她是以"……好吗"的请求语气，要求女儿停止不当的行为，而不是让女儿知道自己的行为是不被容许的。

这位妈妈的语气只是在请求女儿的同意而已，所以女儿就用行动来反抗妈妈。女儿想要玩，还玩得很愉快，而且想要得到妈妈的回应。

要以坚定有力的"权威的语气"对孩子下指令

其实,这位妈妈应该使用具有约束力的方式来回应女儿,也就是对女儿提出一个简洁有力且清楚的警告:"你再继续把食物拨到盘子外面,我就立刻把它收走。"

许多父母在对孩子提出要求时,常常像是在对孩子提出请求,使得孩子以为能够逃过"守规则"的约束。当他们对孩子提出期望时,总是会暴露出对自己的权威没有信心。其实,他们只要换种语气——礼貌且坚定而没有商量的语气,就会看到完全不一样的结果了。例如:

不要这么说:"现在去把外套穿上,好吗?"

试着这么说:"现在去把你的外套穿上。"

不要这么说:"你可以帮忙摆餐具吗?"

试着这么说:"我需要你帮忙摆餐具,谢谢。"

不要这么说:"麻烦你把电视关掉,并帮忙把垃圾拿出去丢掉,好吗?"

试着这么说："请把电视关掉，并把垃圾拿出去丢掉。麻烦你了。"

"权威的语气"是能迅速收到效果的亲子教养工具。它可以把亲子战争频率降到最低，让父母不必整天唠叨个没完，也可以终结孩子或父母的失控嚎叫。

02

分辨"战争"类型，才会有效果

　　在无数家中有年幼孩子的父母眼里，每天早上一睁开眼睛，似乎就要开始面对一场永远不会结束的"战争"，而且自己好像永远是战败的一方，只能被动地接招。

　　面对孩子无法预测、措手不及的招式时，父母发现自己陷入了疯狂的状态，就像学校里的班主任一样，随时追着闯祸的学生，不停地吼叫、命令，然后给予处罚。

　　如果你也是处于这样的境地的父母，如果你发现每次刚教训不到几句话，孩子就已经不理会你了，那么，你可能是因为没有选择关键"战争"，才会乱枪打鸟似的，把自己搞得精疲力竭，还败阵而归。如果你不会选择，就很难达到理想的教育效果。

要如何选择关键"战争"？方法就是：将"战争"区分成重要与不重要两类。面对重要的"战争"时，就要用强硬的（坚持的）态度回应；对不重要的"战争"，则可以柔软（有弹性的）以对。如此才能在坚持与弹性之间取得平衡。

搬出规则前，先自问"这件事有多重要？"

当你察觉自己有想要搬出规则的冲动，或者想要用强硬的态度去回应孩子的特殊情况时，请先深呼吸三下，然后问问自己："这件事情有多重要？"

这个方法通常能收到很好的效果。当父母们问自己以下的问题后，他们会惊讶地发现，许多规则变得更有弹性了。

• 如果孩子今天的午餐只吃了两三口，他的健康会就此崩溃吗？

• 女儿把画纸上的天空涂成大红色，很重要吗？

• 如果儿子多玩一个小时的玩具，会有什么严重的后果吗？

• 女儿穿着奇装异服去上学，有什么关系吗？

承认吧，我们总是过度地担心，所以针对每个可以幻想得到的情景，都制定了安全规则，然后紧守着这些规则不放，以至于让孩子过着制式化的生活。其实，认真想一想，这些规则大多不仅没有实际的用处，而且还会造成反效果。

亲子之间的"战争"一触即发时，比较好的解决方式是：如果后果并不严重，是孩子承担得起的，那么就给点弹性，放松一点点吧。让孩子自己来做一些小决定，亲子之间的冲突就会变成合作。

想想看，假设你的孩子是别人家的孩子，你还会用同样强硬、坚持、紧迫盯人的态度来回应他的行为吗？

当然，要父母"给点弹性"也许有点困难，但是如果能够趁着孩子年纪小的时候开始练习这个平衡的方法，那么等到他们进入难以控制的青少年阶段时，就比较容易维持彼此间的信赖关系。

03

孩子无理取闹时，别轻易让步

孩子刺耳的尖叫声、溃堤的眼泪、拔丝般的鼻涕，相信很多父母都对这样的画面印象深刻吧！

发脾气，无理取闹，似乎是年幼孩子对父母有所要求时的基本沟通方式。孩子身体不舒服、饥饿、疲倦、生气、受挫、沮丧时，常常会以闹脾气、使性子来传达他们的需求。而这样的行为常会搞得父母耐心全失，跟着抓狂、失控，甚至无奈得想跟着孩子一起放声大哭。

孩子闹脾气与守不守规矩无关

虽然无理取闹会惹得父母失控，但在年幼孩子的眼里，这其实是很正常的行为，与守不守规矩没有关系。年幼孩子的情感原本就是情绪化的，他们无法控制自己的感觉，在他们的眼中，所有与自己有关的人、事、物都是很重要的。

由于还没有学会使用合适的语言来表达自己的感觉与需求，年幼的孩子便以无理取闹、耍脾气的方式来引起你的注意，并且依照你回应的速度，发展出几款招式：大声尖叫，赖在地上，双脚乱踢，在地上打滚，甚至激烈地用头撞地板等，以引起父母的紧张，逼迫父母让步，来满足自己的需求。这是他们认为唯一的也是最有效的沟通方式。

当你的孩子也使用这种方式与你沟通时，让步绝对是下下之策，那只会让你的孩子食髓知味，变本加厉地无度索取，反而造成亲子关系长期的紧张与痛苦。

试试下列回应方式，保证你可以轻易地让无理取闹的孩子安静下来：

● **转移注意力**。幼童注意力集中的时间非常短暂，他们能够专注在一件事情上的时间可能不到十分钟。因此，你可以试着把他带到另外一个房间（场景），引导他玩玩具，玩一个他喜欢的游戏，念一则短故事，看一段卡通影片……用这些方式便可轻松地转移他的注意力。

● **提供帮助**。当孩子因为挫折、失败而闹脾气时，你可以什么话都不必说，只需协助他完成他想做的事情，减轻他的挫折感，便能使他收敛脾气了。例如，示范如何绑好鞋带、组装一个超人玩具等。

- **依照孩子的生物钟，预防他闹脾气。** 配合孩子的生物钟，也可以预防他们大闹脾气。平时尽量让孩子在固定的时间用餐和休息，如此你就可以轻松地掌握孩子因饥饿或疲累而闹脾气的时间，并事先做好准备。例如，当必须带着孩子外出时，可以随身携带一些他喜欢吃的小点心，或者等他吃饱、睡足后，再带他出门。

- **坚定且冷静地安抚。** 不论孩子的无理取闹让你多么想要大声怒吼，你都要努力地克制自己的情绪，并保持以冷静、低沉的声音，适当地安抚哭闹、尖叫的孩子。毕竟，与其对着孩子大吼大叫，让双方都陷入失控的情绪中，还不如安静地搂抱他，让他慢慢地平静下来。

说了"不"之后，就绝对不让步

当孩子因为需求得不到满足而大闹脾气时，你千万不要被他的情绪控制而有所让步。在对无理取闹的孩子说了"不"之后，如果又对他的要求让步，那无疑是"自掘坟墓"，只会帮孩子制造更频繁的重复戏码。所以，一旦对孩子说了"不"，就不要让步。

最佳的应对方式是，等到孩子自己平静下来，或者把他带离那个场景之后，你再蹲下至与他视线齐高的位置，以平静且坚定的语气说："我知道你很想要那个玩具，但是我们说好了的，今天只买晚餐的食物。"

其实，孩子这种无理取闹的行为并不会一直持续下去，等他长大，可以用适当的语言表达自己的要求时，这种用哭闹的方式来满足需求的行为，自然就会渐渐消失。

04

如何巧妙回应孩子的"为什么"

年幼的孩子喜欢不停地问"为什么",这是再自然不过的事,即便是他每天都要做的事,或他习以为常的事,他也要问为什么。例如,"为什么要吃饭?""为什么要睡觉?""为什么要穿衣服?"……

每天早上,亚兰叫五岁的女儿起床时,总会有如例行公事似的,要面对女儿永无止境的重复问题:

"为什么我一定要起床去上学呢?"

"为什么我不能和你一起去上班呢?"

"为什么你不能在家里陪我一起玩呢?"

第一次听到女儿问这些"为什么"的时候,即使知道两人上学和上班可能会迟到,亚兰仍然花了些时间,耐着性子跟女儿解释。她觉得这件事情应该在一开始就跟女儿解释清楚，才能化解女儿的问题。

只是，当她长篇大论地解释完毕后，却发现女儿满脸泪水地问："但是，为什么？"

孩子要的是一个解释，还是改变你的心意？

很多时候，孩子不停地问"为什么"的时候，他们真正想要的其实并不是一个答案，更多时候，他们真正的目的是要改变你的心意。"为什么"只是他们用来表示反对你决定的一种方式，或者，是要用来引起你注意的一种手段。

当碰到孩子这种有如口头禅似的提问时，父母通常会觉得应该花点时间对孩子解释理由，一旦他们明白原因之后，就会乐意配合父母的意思，不会因此而生气、沮丧。

但是，事实真的如此吗？当父母详细且清楚地对孩子解释：为什么他不能赖床，不能挑食，不能不穿外套，不能不刷牙，不能独自过马路，不能在昏暗的地方骑自行车……父母的目的，就是要孩子放弃他们想要的东西或想做的事情，乖乖地配合自己的意思。然而，孩子的目的却完全不一样，他说"为什么"的目的是：想要改变父母的心意，把父母的"不"变成"好"。

孩子不停地问"为什么"，并不是因为孩子倔强，或者把你的解释当成耳边风。由于年纪小的孩子尚未拥有足够的认知和理解能力，他们会依据自己的情绪来回应事情，并且只活在当下。

当他想要晚一点上床睡觉，而父母的回应是"不"的时候，他完全不会接受父母"明天早上会因为睡不足而赖床"的答案。他在意的只是眼前的这一刻，对于明天会发生什么事，他毫无感觉，而且一点儿也不会在乎或担心。

企图改变一个缺乏理解能力的孩子，无异于对牛弹琴，只会让亲子双方都感到挫败。父母会发现，孩子完全没有被说服，而自己也因为努力解释，却无法得到期待的效果而沮丧地抱怨："我花了这么多的时间，费了这么多口舌解释给他听，他却一点儿也不领情。"甚至还会忍不住发脾气。

拿孩子的问题反问他

当孩子提出严肃的问题时，他们不会用"为什么我不能……"或"为什么你不让我……"这样的句子开始。严肃的问题会带出有价值的讨论或深思熟虑后的解释。

　　通常，孩子不会为了想要得到有价值的知识而提出严肃的问题，因为他们还不具备这样的能力。其实，大部分孩子提出"为什么"，目的只是要让父母参与自己想做的事。他们很少以正面的方式要求父母，而是通过一问再问的方式，把父母的耐心全部磨光，直到让父母改变心意。如此，自己的目的便可以达成。

　　孩子永无止境地问"为什么"，最后都会导致父母无法控制的愤怒，尤其是已经对同一个问题回答了不下十次时。

　　如何回应这种毫无意义的重复问题？最轻松、有效的解决方法就是：把问题丢回去，让孩子自己回答。这种方法具有两项功效：一是让孩子知道这个问题已经讨论过很多次了；二是它会变成一个思考游戏，换作让孩子负责来思考答案。

　　拿孩子的问题反问孩子，是一个非常有用的绝招，就好像下面这对母子的对话：

　　儿子："为什么我不能买变速自行车？"

　　妈妈："这个问题我们之前已经讨论过了。"

　　儿子："但是，为什么不行呢？"

　　妈妈："你不是早就知道答案了吗？你告诉我为什么呀！"

　　儿子："那是因为……我已经有辆自行车了，而且我的年纪太小，还不能骑变速自行车。"

妈妈："没错，你说得一点都没错！"

这种回应方式十分温和，不但不会导致亲子之间的冲突与对立，还可以提醒孩子：相同的问题已经讨论过很多次了。而且，你也知道他一定可以自己找出答案。此外，它还会让孩子更认真地看待答案。

这个方法还有另一个优点：它可以让"不"变得不那么专断，让"父母说了算"变得比较像是"我负责一切"。父母可以从中学到的最好的一课就是：可以爱孩子，而且仍然可以坚定地对他说"不"！

05

语带感激的指示，能把对抗变成合作

年幼的孩子原本就难以控制，随时有可能发生一些令人无法预测的小状况。尤其在公共场所，当孩子坚持自己的需求一定要获得满足时，更会让父母倍感挫败。孩子赖在地上又哭又踢的模样，着实令父母困窘。

不愿妥协去满足孩子，但又不知道该如何应对，使得父母经常觉得自己很没用，并无奈地感叹："到底谁才是掌控权力的人呢？"

当孩子挑战父母的权威时，有些父母的回应是："我的话就是法律。""在这个家里，我说了算。""规则由我制定。""我才是老大。"

只是，这并不是有效的回应方式，因为孩子也许早就听惯了这些话，根本不相信父母是认真的。为了满足自己的需求，或为了测试父母的底线，孩子甚至不惜引爆亲子权力争战。

以暴制暴或妥协让步，都会让亲子关系失去平衡。解决亲子之间的冲突，最好的方式就是：把亲子间的对抗变成合作，并让孩子感受到父母的权威。

孩子刻意反抗时，要态度坚定地执行规则

在亲子关系中，父母相信自己是掌权者，自己的责任是要制定规则，而孩子的责任则是遵守规则。但是，父母会发现，这种做法常常会遭到孩子的刻意反抗。

读小学一年级的儿子要求妈妈让他在放学后到同学家去玩。母亲答应了，但她告诉儿子只能玩一个小时。

但儿子在两个小时以后才回到家，他没有解释也没有一句真心的道歉。这让母亲感到既生气又难过，因为儿子完全不在乎她的规则。

不过，这个妈妈并没有对儿子发脾气，她只是态度坚定地执行规则，让孩子知道违反规则会有什么后果。更重要的是，她对规则坚持不妥协的态度，也让儿子领教了她的权威。

她并没有用威胁的方式处理儿子的违规，因为她知道，威

胁的话是一时的情绪表达，最后都不可能贯彻执行。这么一来，自己反而会失去信用。

当孩子违规时，父母不能跟着情绪失控，而必须要以坚定的态度说："我知道你很喜欢和同学在一起，但是，你没有按照我们约定的时间回家，所以，未来的两个星期，你都不能去同学家玩，也不能带同学回家来玩。"

这样的回应方式同时也教导孩子：被允许去同学家玩，是一种特殊待遇（特权），而不是应有的权利。既然是特权，自然也就有责任。

只要坚持最重要的规则，就不怕孩子挑战权威

许多孩子因为不喜欢父母的命令，常常会把反驳的口头禅挂在嘴边："你又不是我的老板，凭什么命令我？"

许多父母听到孩子这种挑战权威的话时，便会陷入孩子的语言陷阱中，愤怒地回答："是，我就是你的老板！"这样的回应方式其实是没有效果的。孩子挑战权威时，父母可以使用更有技巧与说服力的回应方式。例如，"我知道你很讨厌被命令，但是，你是不是应该先把功课写完，再来看电视呢！"

父母若不想为了规则问题与孩子发生权力战争，最好的

方法就是——只坚持最重要的规则。

当孩子觉得父母总是不停地在命令、指示他们，或总是对他们制定一些严格的规则时，他们就会变得不肯合作。这样的反应一点儿也不令人感到意外。因此，对于一些相对不重要的规则，父母不妨保留更多的弹性与空间，不需要一板一眼地严格执行，但是，也要让孩子清楚地知道，哪些规则是毫无弹性、无法讨价还价的。

同时，父母在提出要求时，也需要随时自我检视一下语气。例如：

"你怎么老是忘记吃完饭后把盘子放到水槽里呢？到底要我讲几次，你才会记得？"这样的语气绝对不是请求与感谢，而是批评和质问。它不但无法鼓励孩子合作，对孩子更是一种贬抑。

"当你吃完饭时，如果可以帮我把盘子放进水槽里，我会非常感谢你。"这是一种较好的方法，是利用提出合作的方式来回应孩子健忘的问题。

父母若不想为了规则问题与孩子发生权力战争，最好的方法就是——只把握最重要的规则。这样就可以把孩子的态度由反对变成合作。

第 2 章

父母的想法转个弯，
孩子的"坏"习惯
就会变"好"

06

把卖场危机变成生活趣味

相信很多父母在卖场里都有过这样的经验：坐在购物车里的孩子，紧紧地抓住他从架子上拿来的玩具。

妈妈语气柔和地请求儿子："宝贝，把玩具放回去，好不好？我们说好了的，今天不买玩具的啊！"

儿子："不要！"

妈妈再试一次："宝贝，你怎么可以不守约定呢！乖嘛，把玩具给妈咪。"

儿子："不要，这是我的！"把玩具紧紧抱在胸口。

妈妈越是恳求，儿子就越坚持，音量也越来越高，甚至开始尖叫并狠狠瞪着她。

陷入进退两难的妈妈感到很尴尬。最后，她失去了耐心，从儿子的怀中用力地把玩具抢过来，任凭儿子在推车里又踢又叫。

把购物的过程变得有趣味，孩子就不会吵闹

　　带着年幼的孩子购物，为什么会变成父母的压力，又为什么会引起亲子间的"战争"呢？在孩子的眼中，卖场就像个万花筒，充满了色彩缤纷的东西、令人垂涎的食物，以及抗拒不了的玩具，任何孩子都无法抵挡它的诱惑。期望一个孩子在如此具有诱惑力的环境中保持冷静，就好像带他去游乐场，却要求他不去玩摩天轮一样。

　　面对现实吧！带着年幼的孩子去逛卖场，你就要做好心理准备，不可能速战速决的。不过，既然知道要在这里消耗很多时间，何不把它当成生活、学习的场所，利用这个机会教导孩子适当的购物行为，让购物变成一件有价值又有趣的事情呢？因此，在购物的过程中，你可以这样引导孩子：

　　● **玩数字游戏**。善用产品包装上的数字来转移孩子的注意力。请他数一数架子上有多少盒巧克力饼干，或者让他告诉你饼干盒上所标示的各种数字。

　　● **玩"寻找宝物"的游戏**。告诉孩子，你们今天要来卖场寻找几个宝物（购买清单），请他帮忙把这些宝物找出来。例

如，对孩子说："有一项宝物是有米老鼠图案的罐头，我们去把它找出来。"或是"你一定知道我们最喜欢吃的松饼放在哪里吧！我们来买过好多次了！"

* **让孩子当"计算高手"**。如果你的孩子已有百位数的概念，就带一个小型计算机去卖场，每采购一样物品，就让孩子计算总金额。事先可以告诉他："我们今天只打算花五百元，所以到了五百元的时候，要告诉我喔。"

* **让孩子扮演"老大"**。让孩子来帮你做决定，他就会自然地配合你的购物节奏。例如，你可以说："这里的巧克力饼干有三种，你喜欢夹心的、球状的、还是加牛奶的呢？"

* **让孩子当"大买家"**。如果你的孩子已经读小学了，就可以把购物清单交给他，他念出一项，你们就选购一项。

分散孩子的注意力，可以消除他排队结账时的不耐烦

父母都会利用周末时间带着孩子上卖场，除了采购生活用品与食物外，它也像是一次小小的出游。虽然采购的过程可以变得好玩又有趣，让年幼的孩子不吵闹作乱，但是别忘了，你可能还得花上十几分钟的时间排队等候结账。这段短短的时间对年幼的孩子可是一个不小的考验，因此，这也可能

是整个购物过程中，让父母感到最困难的一站。

　　为了避免在等候结账时，孩子因为不耐烦而吵闹，父母可以考虑这样做：

　　● **准备一本着色簿或孩子最爱的玩具**。去购物前，从家里带一本着色簿或一个他最喜欢的玩具。等到要结账时，再拿出来给孩子玩。当然，如果孩子很喜欢阅读，那么带一本孩子最喜欢的故事书，也是化解孩子不耐烦情绪的良方。要切记的是，这些东西千万别在采购过程中拿出来，以免你要花更长的时间才能完成采购。

　　● **让孩子做你的结账小帮手**。用请求的语气要求孩子帮忙把物品放进袋子里，但是避免让他拿鸡蛋或易碎的物品。当然，孩子没有办法做得像你或收银员那样利落，但只是乱了点、慢了点，并不会造成任何损害。再不然，也可以请孩子把折价券拿给收银员。顺利结完账后，别忘了要赞美孩子："谢谢你啊！你真的帮了我一个大忙呢。"

避免孩子在卖场上演闹剧的方法

　　除了把卖场的采购过程变得有趣，以防孩子哭闹之外，还有几种情境也会令父母感到很难堪。当孩子出现这些令人困窘的行为时，父母不妨试试以下做法：

• 孩子乱抓货架上的物品放到推车里

无效方法：别掉入说"不行"的陷阱，那只会把彼此都搞得精疲力尽，因为在你说了第一百次"不行"时，你会发现孩子越玩越起劲。

有效方法：和孩子约法三章，只能拿购买清单上的物品。

• 孩子不停地想溜下来推车

无效方法：当年幼的孩子想要做一件事情时，他们会使出钢铁般的毅力，所以别掉入和他们玩"权力战争"的陷阱里，你只会白费力气。

有效方法：携带孩子最喜欢的玩具或最爱吃的点心，当孩子开始在推车里烦躁不安时，就可以随时用来安定他们的情绪。

• 孩子在卖场里耍赖、闹脾气

无效方法：劝导他、贿赂他、责骂他或威胁他，都很难平息他的情绪。

有效方法：先把孩子带离卖场，等他平静下来后，再和他约定去卖场的规则。

07

让电视的功能多样化

我曾经问过许多妈妈，是否记得她们的孩子在开始能看懂电视节目的时候是什么样的情景，得到的答案几乎相同。

每天早上，这些孩子都非要看"天线宝宝"不可。节目播放的时候，这些孩子总是张着嘴巴，或是嘴里含着吃了一半的饭，双眼直盯着电视屏幕，直到节目播完了，才忽然想起嘴里的食物似的，继续吃饭。在这段时间里，你跟他们说话，他们不会有回应，因为他们完全没有听到你在说什么。

当孩子到了上幼儿园、小学的年龄时，他们更离不开电视了，每天放学回到家，恨不得能守在电视前，而且几乎什么节目都看。这使得许多父母，尤其是工作忙碌，无法整天陪伴孩子的父母忧心忡忡，生怕孩子受到电视节目的影响，从而导致思想观念与价值观的偏差。

对这样的担心，我一点都不感到意外。当然，父母也不能因噎废食，禁止孩子看电视，这并不是解决问题的好办法，反而会引来孩子的抗议与不满。父母该做的是：限制孩子看电视的时间与内容。更重要的是，不要把电视放在孩子的房间里。

此外，我还提出几个方向性的建议，希望能帮父母进一步克服电视影响力的问题：

透过电视节目，向孩子传达正面价值观

电视不该只有消磨时间的功能，更不应成为代替父母陪伴孩子的工具。电视还具有许多很重要的作用。"透过电视传达正确的价值观"便是其中的一项功能。

父母应该尽量陪孩子一起看电视，并利用机会表达自己的看法，帮孩子建立正确的价值观。例如，当看到剧中某个人对朋友做出自私的行为时，你可以适时地教导孩子："那个女孩只想到自己的利益，完全没有为她的好友着想。换成是你，你会怎么做呢？"或是"同学们都爱嘲笑那个行动不便的女孩，

你也会这样吗？"

你陪年龄较大的孩子一起看电视时，不要动不动就对他们长篇大论地说教："那个男孩真是坏透了，一天到晚和人打架。你可千万别学他喔！"相反的，应该和你的孩子讨论剧中主角打架的原因，并问问孩子对主角的动作和决定有什么看法。如此，父母才能引导孩子从别人的立场去思考问题，同时也了解孩子内心的想法。

但是，如果你的孩子要求看一部具有争议性的影片，你最好先审核一遍，看看内容是否适合孩子观看。即便你答应让孩子观看，也一定要陪他们一起看，并且要在看完后问问他们的看法，以便适时灌输正确的观念。

只要你不一直对孩子啰啰唆唆地讲大道理，也愿意聆听他们的回答，他们通常会听你的意见。

确定看电视的规则，并彻底执行

九岁的杰明要求看一部非常流行的卡通影片，却遭到妈妈拒绝，因为妈妈认为那部影片过于暴力。这使得杰明非常生气。

事后，妈妈对朋友表示，杰明的反应让她觉得自己是全世界最糟糕的妈妈。她说："杰明班上的同学都在讨论那部卡通影片，只有他没办法参与大家的话题，他觉得自己格格不入，还觉得我对他的限制太多，简直就把他当成一个小婴儿看待。"

这种事情对父母是一个严峻的考验。很多时候，父母限制孩子的原因都是出于爱，但孩子却不领情，还觉得父母很讨厌。以上述这位妈妈为例，她以为和儿子解释清楚家里禁止看暴力节目的原因之后，孩子就能够理解并体谅。但事实正好相反。妈妈越解释，杰明就越反抗，也更执意要改变妈妈的心意。

解决这种问题，有时候，不解释反而比清楚解释来得更有效。父母可以直接把规则定清楚，然后再看看接下来事情会如何发展。结果，产生了以下对话：

杰明："为什么我不能看？我的朋友都在看，就只有我没看过。你是想让我交不到朋友吗？"

妈妈："那个节目很暴力，不准看！家里的每一个人都不可以看！"

杰明："求求你啦！"

妈妈："别期望我会让步！不行就是不行。你可以选择其他的节目，但那个节目就是不行。"

有时候，父母唯一要做的就只是——陈述你的决定，然后坚持到底。虽然你的孩子会很难过，或者可能大吵大闹，但是，你需要维持住你的权威。

08

别让孩子的童年只有网络世界

以往,影响孩子最深的电子设备是电视,如今,在电脑个人化并深入家庭之后,电脑对孩子的影响甚至会超越电视,尤其是网络游戏的影响更深。在孩子人手一个手机或平板电脑的时代,网络几乎已经成了现今孩子童年唯一的色彩。

电视的消极影响是导致孩子缺乏思考力,判断错误,心智麻木,而无边无际的网络资讯,则可能进一步左右孩子对于性与暴力的认识。为了避免孩子受网络的影响而对性与暴力产生不健康的、扭曲的观念,父母除了必须时时提高警觉外,还要清楚而坚定地制定、陈述规则,并且时常强化孩子正确的价值观。

人们只要动一动手指,便可以了解到世界各地的网络资讯，但与此同时，父母该如何处理网络对孩子所具有的潜在危险？下面的建议将帮助你找到新的方向：

别把电脑放在孩子房间，并做好网络安全把关

电脑一定要放在家里的公共空间。一旦你把电脑放在孩子的卧室中，你就完全失去控制权了：年幼的孩子原本就没有自我约束的能力，也无法分辨网络上各种信息的好坏，当他想要玩网络游戏和上网时，随时都可以打开电脑玩个过瘾，而你却无法监督他们会受到什么样的影响。

将电脑放在公开的地方，你便可以随时察觉到孩子在电脑上做些什么事情，尤其是当他们在上网时。

网络上充斥着色情、暴力网站，即使有"网络卫士"封锁这些网站，但是"道高一尺，魔高一丈"，别看孩子年纪小，他们对电脑非常了解，经常会闯过你的"封锁线"。这一点上你得提高警惕才行。

把电脑放在客厅这类家人会经常活动的地方，你能随时了解孩子上网的动向，和他们聊聊在网络上做些什么。

拿出绝对的权威，限制孩子使用电脑

科技的发展日新月异，网络上的资讯越来越丰富与复杂，但无论如何，你都要掌控一切，而不是让掌控权落入孩子的手里，然后期望他们能够自我克制。

因为一旦孩子得到了掌控权后，面对所有令人感到兴奋不已的电子产品，他们就会有如置身于玩具反斗城一般，玩到乐不思蜀，哪里还会想到自我克制呢？

该如何协助孩子安全使用网络？以下的重点建议很值得父母采用：

- 和孩子一起制定电脑使用规则。
- 把电脑放在家人经常活动的地方。
- 扩充孩子的生活接触面，让他多与朋友、同学和家人互动，以确保他不会把所有自由的时间都挥霍在电脑上。
- 父母本身也要学习如何使用电脑，才能与孩子讨论网络内容。
- 一定要监督孩子遵守电脑使用规则。
- 注意孩子喜欢上哪些网站。

- 留意孩子是否有想问又不敢问的网络问题。

- 在没有大人监督的情况下，禁止孩子在网络上与人聊天或视频。

- 帮助孩子规划其他活动，以减少他使用电脑的时间。

- 把孩子的网友当作他一般的朋友，试着去了解、认识他们。

- 提醒孩子，网友毕竟没有真正相处过，也许他们与想象中并不一样。

- 不要把密码或其他重要资料储存在电脑里，以免孩子有机可乘。

- 让孩子知道你会经常检查电脑里的储存文件、使用与下载记录。

09

让做家务变成一项有价值的工作

现在的孩子都不会帮忙做家务。虽然许多父母常对孩子抱怨这件事,但孩子的反应通常是把父母的抱怨当成耳边风,不然就是直接反抗。

不过,若是认真想一想,相信大部分的父母也都会妥协。如果自己的孩子过于追求整洁干净,走进浴室里,看到地上有一根头发便大声尖叫:"哎哟,我的妈呀!浴室怎么这么脏啊!"然后拿起刷子用力刷地板,你会有什么反应?

说真的,孩子很少会称赞父母把他的床铺整理得多么干净,也不会在意父母把他丢了一地的玩具收拾得多整齐。他们似乎从来不会担心脏乱,更无法感受父母急于打扫清理的心情。当父母不停地要求他们:"把你的床铺整理好……""把你的玩具收好……""把垃圾拿去丢掉……"时，大多数孩子都会装聋作哑或直接拒绝。

让孩子因为做家务而产生强烈的被需要感

当孩子在做某件事情的过程中，感觉到自己被需要、有作用时，便能从中体会到重要的价值。因此，父母可以就此基础，让孩子体会到做家务与家庭贡献之间的联结，让他们为了拥有被需要的感觉而产生做家务的强烈欲望。

有位妈妈想要通过这样的关联来改变儿子不良的生活习惯。因为她每次要求七岁大的儿子把满地的玩具、书本、画纸和蜡笔收拾干净时，儿子就会不停地抱怨，或是找借口逃避做事。

妈妈："你知道为什么我要一直叫你去整理自己的房间吗？"

儿子："反正你就是爱叫我做事啊！"

妈妈："那么……在学校的时候，老师会不会叫你们自己收拾玩具呢？"

儿子："会啊！"

妈妈："那如果你们没有把玩具收拾干净的话，会怎么样呢？"

儿子："教室里应该就没有办法走路吧！"他笑了起来。

即使是四五岁的孩子，也可以参与简单的食物准备工作，学习摆碗筷，把脏衣服放进洗衣篮里，了解如何配对袜子，帮助妈妈把家中不要的报纸和废纸收集起来回收，甚至还能帮忙拿着小型的吸尘器吸地板。

这个年纪的孩子并不会觉得做家务是件无聊的事，只是喜欢跟在妈妈身边，学习妈妈的一举一动。等他们再大一点，到了上小学的时候，就可以教导、照顾弟弟或妹妹，能够学习操作洗衣机了。

接着，他们很快就可以学会分辨各项家务的价值：哪些是有意义的工作，哪些是费时、忙碌却不具意义的工作。例如，当你工作得比较晚，回家后要忙着准备一家人的晚餐，而没有时间把脏衣服分类的时候，可以请儿子帮忙将衣服分类，并把衣服放到洗衣机里清洗，如此他就知道这项工作有真实的需要，认为自己帮了妈妈一个大忙，便会产生被需要、有用的感觉。

此外，为了对年幼的孩子强化做家务事的重要价值，你可以这样说："如果我们把面包放在桌上一整个晚上，它就会坏掉，那么明天早餐就会没有面包吃了。""如果我们没有把衣服洗好的话，你上学的时候就没有衣服穿了。""如果我们用餐结束后不清洗碗筷的话，以后就只能用手抓饭菜来吃了。"

不过，要求孩子帮忙做家务，千万不要啰啰唆唆地一直下命令，只要清楚且具体地提出一次就好了，然后让孩子去经历"没有做"的结果。例如，第二天早上，他可能没有办法吃到他最爱的面包，因为"你昨天没有把它放进冰箱里，所以它坏掉了！"

要经常感谢孩子的"重要"贡献

每个人都喜欢看到因为自己的某个行为，而令自己在乎、喜爱的人的生活变得更轻松或更快乐。即使是年幼的孩子，也会有同样的心态。

因此，在孩子帮忙完成家务事的时候，父母别忘了赞美他们的"大力"帮忙，让他们知道你有多么感谢他们，他们又对家庭做了多么"重要"的贡献。

在感谢、赞美孩子时，务必要具体。例如，与其说："谢谢你帮了一个大忙。"不如说："当你帮我把衣服分类，并放到洗衣机里清洗的时候，所有的事情真的变得快多了。这样，你要睡觉的时候，我们就有时间多讲一个故事。"

　　任何时候，只要孩子帮忙做家务，父母就要尽可能地用自然的语气来强化：帮忙做家务真的会让一切变得更美好。这样，可以让你的孩子把家庭看成是一个可以互相帮助的地方。

⑩

练习遵守规则

　　几乎所有的父母在对孩子制定规则时，总是认为自己一定能够完全遵守执行。但是，年幼的孩子生性天真，不知轻重，不能辨别安全与危险，和他们在一起的生活是混乱、无序，而且难以控制与预测的。

　　遵守规则，是一个很棒的目标。不过它的前提是：你不要反反复复向孩子说明某个规则。当你感到精疲力尽、情绪低落、生气或受挫的时候，要彻底执行规则就会变得困难。

　　那么，如何练习遵守规则呢？

别心软地对孩子说"就只有这一次"

避免"遵守规则"失败的关键，就是不要因为愤怒或疲惫而使用"就只有这一次"这种会让所有的努力前功尽弃的方法。因为一旦开了先例，就再也无法坚持到底了。

一直以来，佳雯为七岁的儿子制定了一个不容置疑的规则——不准他自己一个人去儿童图书馆。儿童图书馆和他们家之间隔着一条大马路，路上的车辆往来非常频繁，她不放心让儿子自己穿越危险的马路。但是，儿子不喜欢这个规则，因为他希望自己可以更独立。

有一天，儿子又缠着她，苦苦哀求让他去儿童图书馆。照顾发烧小女儿一整晚的佳雯疲惫不堪又分身乏术，于是她同意了。她告诉儿子："你可以自己去，但就只有这一次喔！以后绝对不可以再这样做！"

你认为后果会如何呢？佳雯开了这个先例之后，儿子就不再遵守这个规则。这项规则从此形同虚设，佳雯也为她的无法坚持到底而付出了代价——每次只要儿子独自去儿童图书馆，她的一颗心就悬在半空。

"坚持到底"是让孩子遵守规则的不二法门。它让父母可以预测并掌握孩子的日常动向，减少混乱情况的发生，尤其是当家里有两个以上的孩子时。当孩子不会期待有任何特别待遇，也知道你会严格执行家庭规则时，所有家庭成员的生活就能够简单一点。

不要"今天说可以，明天说不行"

这样做虽然很难，但我们若是无法坚持自己说过的话，就会破坏我们在孩子心中的信用。一旦孩子破坏了家庭规则，而父母不能作出应有反应的话，孩子就会开始不把父母的话当一回事。对多数的孩子来说，当父母愿意花时间来纠正一个明显错误的行为时，他们反而会感觉到安全与被爱。

"说到做到"当然是一个伟大的目标，但同时我们也都知道"说的比做的容易"。有个孩子如此形容他的父母："我的爸妈一天到晚提醒我，说我只要超过规定的时间回家，就要被禁足两个周末假日。可是，每次我违规以后，还是可以和他们讨价还价。"

单亲妈妈美伦就无法贯彻执行规则。在面对一整天压力沉重的工作之后，她回到家，发现孩子并没有依照规定把部分家务事完成，便会口气严厉地告诉孩子，接下来的整个星期都不准看电视。

但是每到孩子最爱的节目快开始的时候，看到他们百般道歉与请求，发誓以后一定会听话把家务做好时，美伦总是心软地投降，因为她已经累到没有力气执行规则了。

"好吧！今天就让你们看，不过以后你们要是没有把自己的工作做好，下场就是两个星期不能看电视，而且不论你们怎么求我都没有用的。这是最后一次机会。"

孩子大声欢呼，感谢美伦，看似一家和乐幸福。但是在孩子的心底，他们其实已经学到了一个逻辑，那就是当妈妈说"不"的时候，她真正的意思是"也许有商量的空间"。

"说到做到"，是遵守规则的基础。在制定规则时，先停下来想一想："我真的能够坚决执行这样的规则吗？"因为，对于孩子相同的错误行为，一旦你"今天说可以，明天说不行"时，孩子就不会再把你所制定的规则当回事了。

第 3 章

父母做太多，
孩子就无法独立

11

父母退一步，孩子才能练习独立

不论孩子几岁了，当他们遭遇困难时，父母很自然地会想要帮助他们渡过难关，保护他们远离挫折、失败所带来的痛苦。

在孩子的成长过程中，父母因为不希望孩子面对忘记功课或忽视责任的后果，所以就像个情报人员一样，不管是在明处或是在暗处，总是拿着放大镜监视他们的一举一动，时时刻刻在他们身边打转。只要接收到孩子遇上麻烦的第一个讯号，父母便立刻出面解救，挡在孩子前面，抢走孩子可以自己完成的工作。

当孩子身边片刻不离的守护神，虽然能消除父母一时之间的紧张情绪，但长期来看，这样做不但对孩子无益，反而会成为他们练习独立的绊脚石，剥夺他们变得更强壮、更能自给自足的机会。

父母需要学会克制自己想要介入的冲动，要懂得适时地后退一步，才能让孩子有锻炼的机会。也许要做到这一点很困难，但它却是对孩子宽大和爱的最根本表现。

在你冲动地插手帮孩子解决难题之前，先停下来，后退一步，并自问："我真的需要做这些吗？如果我不提醒儿子记得放学后把作业带回家的话，又会怎样呢？"

有时候，你的孩子真正需要的不是你无时无刻的耳提面命，而是善意的忽略。下文列举了阻碍与促使孩子学习独立的事情。

阻碍孩子学会独立的行为

每个父母都希望孩子可以独立，也想尽办法帮助孩子成长。但是，很多时候，父母因为保护过度和过于担心，导致努力要促使孩子学习独立的美意，最后适得其反，成为阻碍孩子学习独立的最大障碍。

● 太快介入孩子的难题
看着孩子遇到了挫折，要你不伸出援手，真的是一件既困难又痛苦的事。能够尽快地替孩子解决问题，可能会让你感觉比较好。不过，如果你能够在旁鼓励孩子，然后让他自己找出解决办法的话，他会对自己感觉非常好。更何况，你无法一辈子挡在孩子的前面，为他排除所有难题，但你却可以永远在一旁给他支持的力量。

所以，别急着介入孩子的难题，给他机会，让他自己找出解决的方法。

● 患了"自己吓自己"的毛病

几乎没有父母不会患这个毛病。只要孩子一遇到麻烦，父母的想象力便会天马行空起来："万一……该怎么办？"于是便不由自主地产生对孩子过度保护的现象。

生活本来就充满了不确定，你无法预测、安排并掌控所有的事情。总会有些事情是你无法控制的，接受这个现实，你便不会活在胡思乱想的恐惧中了。

● 太快做判断

当父母听到孩子抱怨时，常常武断猜测，而不是把事情弄清楚。例如，当孩子抱怨在学校被老师处罚打扫厕所时，父母的反应往往是："我猜你一定做了什么坏事，才会被处罚。这是你活该、自找的！"

在听到孩子的抱怨时，父母不应武断地认定是孩子或老师犯了错，而应该保持中立的态度，先聆听孩子的解释，然后问他该怎么做可以让事情变得比较令人满意。

• 孩子碰到挫折时，要求他不必悲伤难过

孩子为了挫折而伤心难过时，别对他说："碰到一点点问题就掉眼泪，这样看起来懦弱又愚蠢！"

比较好的处理方式是：教导孩子，沮丧、难过的感觉都是正常的，自然地表现出来并没有什么不可以。只要父母能够接受孩子的感觉，他们在遇到问题时，就会觉得接近你让他们有安全感。

• 逼迫孩子做他做不到的事

教导孩子独立时，别忘了，他还只是个年幼的孩子，能力原本就很有限。所以，不要抱着恨铁不成钢的心态，强迫他去处理那些超过他能力的问题，那样只会加深他的恐惧，让他更提不起勇气去面对问题。

正确的做法应该是尊重孩子独立的速度和能力，而不是对孩子说："你已经是大女孩了，你一定可以把自己的房间整

理得很干净!"

帮助孩子学会独立的事情

教导孩子学会独立,你一定要切实把握下列几个原则:

● 让孩子从错误中获得经验

不论你对孩子如何唠叨、提醒和教训,都比不过让他从错误中学习来得有效。任何人都会犯错或失败,当然,你和你的孩子也不例外。犯错或失败是孩子成长过程的一部分,而你唯一能做的就是:接受它,然后让结果来教导孩子。

每个人都是从错误中学习正确的做法,并不断积累人生经验的。它的收获更胜于父母的谆谆教诲。

● 引导孩子解决问题的方向

当孩子抱怨一个问题时,父母该给的回应是:提供建议与引导解决方向,而不是直接提供解决的方法。

你可以针对孩子的难题,提出引导性的问题,让他们从你的引导中,自己去思考解决的方法。例如,"那个同学那样捉弄你,你想要对他说什么呢?"或者"下次他再那样捉弄你的时候，你可以怎么回应他呢？"

● 只聆听，不评论

对于孩子的遭遇，父母要有同情心，要让孩子知道，当遇到挫折或失败时，伤心、生气、愤怒、害怕、失望或沮丧的感觉都是正常的，你能够了解那些感受。

不过，父母不要为了抚平孩子的伤痛，想让他们的心里感觉舒服一点，而冲动地帮他们解决困难。

当然，对你而言，看到孩子不快乐是很痛苦的事情，但是你必须克制住冲动，不去评判，只是聆听，这样会比主动介入以保护他们更能表达你对他们的关爱之情。

12

别当好奇或爱猜疑的父母

父母常常因为担心而想要掌握孩子的动向,忽视了孩子的隐私权。表面上,虽然父母都会表现得很开明,对孩子很信任,但私底下却会偷听孩子的电话,在孩子的房间里东翻翻西看看,甚至还会偷看孩子的信件、电子邮件或通讯记录。

关于孩子的隐私权,父母要避免出现以下的行为:

忍不住对孩子一探究竟

父母可以查看孩子的隐私吗？答案是,只要孩子的健康完全没有问题,你就不该去查探他们的隐私,更要远离他们的日记、电脑、私人用品,甚至是房间。

对十岁左右的孩子而言，他们需要一个属于自己的私人空间，可以让他们自在地在那里做自己想做的事，不需要担心父母会干预，这个空间就是他们的房间，一个他们认为"很神圣"的地方。

慢慢地，父母当然也会了解：孩子长大了，需要私人空间，但就是无法克制内心想要对孩子的房间一探究竟的冲动。在好奇心的驱使下，父母常常会忍不住侵犯孩子的隐私，对孩子的隐私做"不健康查探"。

不论父母有多么想要查探孩子的生活和心理，这种无法克制自己的表现，只是凸显了你根本不尊重孩子的自主权。换位思考一下，如果你发现自己的孩子没有经过你的允许，就在你的房间里到处翻找，或偷看你的私人信件时，你又会有什么反应呢？

像法官一样，凡事追根究底

其实，父母都了解必须尊重孩子的隐私权，也知道自己必须为孩子的幸福负责，帮助孩子学习独立。但是有时候，这些需要会相互冲突，让他们感到很矛盾：由于无法精准掌握孩子生活上的所有事情，以至于无法拿捏该何时介入。

即使如此，父母也不要像个凡事追根究底的法官一样，一见到孩子放学回家，或和朋友出去玩了一个下午回来，就问个不停。如果父母能给孩子一些喘息的空间，避免连珠炮似的追问，孩子反而会分享更多，遇到困难时也更愿意向父母求助。

如果你真的很想知道细节，例如，儿子今天在学校里都做了些什么？和哪个同学一起玩？玩什么游戏？那么就要提出具体的问题，让孩子知道该如何回答。

不要问孩子："今天在学校还好吗？"而要问："今天的营养午餐都吃了什么菜呢？""上数学课的时候，发生什么有趣的事吗？"

因为缺乏信任而侵犯孩子的隐私权

从父母的角度来看，他们之所以忍不住侵犯孩子的隐私权，是希望能够对可能发生的严重问题防患于未然。尤其，当孩子处于前青春期和青春期阶段时。

当然，孩子若是能尽力赢得父母的信任，在父母提出疑问之前，就主动把有关健康和安全方面的问题诚实告知，就可以避免父母侵犯孩子隐私的情况发生。

不过，对于抽烟、喝酒、嗑药、吸毒之类的问题，父母就必须做好心理准备，因为即使彼此有相当的信任，孩子也不会主动告诉父母。因此，当父母强烈怀疑孩子有这些方面的问题时，就要考虑剥夺孩子的隐私权。

无法让孩子主动分享，只好靠打探

没有父母会喜欢去侵犯孩子的隐私权，他们只是希望孩子能对他们说实话，但是，又不知道怎么做才能让孩子主动与他们分享，所以只好透过打探的方式来了解孩子的状况。

许多父母都表示想要当孩子的好朋友，特别是当孩子处于前青春期和青春期阶段。其实，设定这样的目标是很不切实际的，因为青春期就是学习脱离父母保护，创造一个与父母不同的个人认同，并为自己未来单飞做准备的阶段，所以，与父母分离是很自然的发展结果。这个时期，孩子会开始觉得，和同学成为挚友是比较舒服的。如果做父母的回顾一下自己青春期的状况，就能够理解自己孩子的行为了。

当你对某个问题有所质疑时，不妨直接和孩子谈一谈，听听他们怎么说。对孩子可以强调你的关心，是希望他们过得健康、平安、快乐。让他们知道，你和他们站在同一阵线，只要他们愿意，你随时都会是他的最佳听众，也会是他们最佳的生活顾问，随时可以提供建议。向孩子强调，你相信他们的心智很成熟，面对问题时，会依自己的需要和感觉来作出正确的决定，不会为了满足自己而把压力强加在别人身上。

父母若不想在隐私权上与孩子发生冲突，最好的方法就是，从孩子年幼时期开始，便建立一个信任和开放的沟通环境。当孩子把你视为同一阵线的人，而不是敌对的人时，他们在遇到麻烦或要做重要决定时，自然会主动来找你。

13

有限度地释放弹性，孩子才不会反其道而行之

当家中有年幼的孩子时，我们最常听到父母说的话就是命令："不准玩剪刀。""不准离开妈妈的视线。""吃饭时要坐好，不可以跑来跑去。""走路时一定要牵着妈妈的手。""把脏衣服丢到洗衣篮里。"……父母不停地对孩子下命令，但孩子的反应有时候就偏偏和他们唱反调。

越觉得自己有掌控力，孩子就越不会反抗

有个青春期的男孩便提醒了他的母亲："当你要我去做什么事情时，如果你只说一次，我会考虑听你的话。但是，当你一再重复时，我便可能会因为厌烦而拒绝。"这其实也是很多

孩子的心声。

父母应该提供选择来取代命令。在执行重要规则的同时，对于比较不重要的规则，可以给予较多的弹性，让孩子拥有较大的自由与空间。当孩子有了选择权时，就会觉得自己拥有了权力。如此，比起你一味地下命令，孩子会更愿意与你合作。

如果你回头检视一下当初所制定的规则，你会发现大部分的事情，即使不按照你所规定的方式，也一样能够达到预定的目标。既然如此，为何不给孩子多一些选择与自由，而是非要一切由你操控呢？当他们觉得对自己的事情也可以拥有某种程度的掌控权时，也比较不会动辄反抗你的规定。

例如，如果规定孩子必须在六点半前洗好澡，偏偏他有时候就是不愿踏进浴缸里。这时，你就可以让他自由选择，改成淋浴或泡泡浴，或者为他举办一个洗澡派对，让他喜欢的玩具陪他一起洗澡。

何时提供孩子选择最能达到预期效果

让规则变得有弹性，给孩子选择的权利，并不保证就能达到预期效果，有时候反而会导致相反的效果，使得孩子食髓知味，凡事都要求选择权。

开放孩子选择权时，要注意以下几项重点：

- 年纪越小的孩子，给他的选择要越少，尤其不可以给他开放式的选择。

- 选择与威胁不同。例如，"立刻关掉电视去做功课，否则罚你一个星期不准看电视"，这是威胁。"如果你现在就关掉电视去做功课，睡觉前我们就可以多念两个故事。"这是选择。

- 没有弹性的规则，就不要提供选择。并不是所有的规则都能提供选择。有关健康、安全、学校规定等方面的规则，无论孩子如何反抗，你都不能心软地开放选择，否则会给自己找麻烦。例如，孩子不想起床去上学时，你必须强迫他起床，不能说："上学就快要迟到了，赶快起床准备上学，好不好?"孩子当然会回答："不好。"

14

不要剥夺孩子思考问题的机会

在现今复杂的世界，孩子面临更多的挑战。要为他们在真实世界中的生活做准备，只教导他们顺从父母是不够的，只有培养解决问题的能力，他们才能够真正地独立。

一个只被教导"顺从"的孩子，他所学到的，只是如何取悦他人、配合他人，而不是抵挡同学压力、处理冲突等解决问题的能力，或为正确的事情坚持到底的价值观。

孩子真正需要的是做出正确选择与解决冲突的能力。如何教导孩子以创意、智慧的方式来解决问题？以下是父母引导孩子的方法：

三个问题，有助于培养孩子解决问题的能力

所以，当孩子带着问题或抱怨走向你的时候，不要告诉他该怎么做，而要利用三个问题作为引导，带领他思考出解决的方法。这三个问题是：

- 你对这件事情有什么反应？
- 除了那样的反应外，你还可以怎么做呢？
- 当你那样做的时候，结果如何呢？

这三个问题各有其目的。第一个问题，可以帮助孩子清楚自己在当下的反应；第二个问题，可以帮助孩子了解，其实反应的方式可以有很多种；第三个问题，则是让他知道用不同的反应，会有什么不同的结果。

例如，当你 5 岁的儿子在与同伴游戏的过程中，被同伴推倒了。你问五岁的儿子："如果和同伴游戏的时候，有小朋友把你推倒了，你会怎么样呢？"儿子回答："我也会把他推倒。"

这时，你与其说："暴力行为是很不好的喔！"倒不如问："如果你把他推倒了，会怎么样呢？"儿子可能会说："他会揍我

或是去告诉老师。"

你继续问："他揍你或去告诉老师后，又会怎么样呢？"儿子的回答可能是："那我就麻烦大了。我会受伤，不然就会被老师处罚。"

你可以利用孩子在日常生活中会经历到或看到的实际情境，把这样的练习变成一个游戏。而且，不论孩子的反应如何，你都不要批评或太快提供答案。利用问题来引导孩子去寻找解决的方法，如此就能增加孩子的自信。

引导孩子寻找问题的源头，培养判断力

思考解决问题的方法时，如果能够把相关人物的想法也考虑进去，就能比较全面。对此，当你在引导孩子寻找解决方法时，可以适时把其他人的感受也加进来，帮助孩子做全方位的思考。例如：

- 你在马路上乱跑的时候，奶奶会很担心。你知道为什么吗？
- 你说老师很坏，老是规定一大堆功课。你知道为什么吗？

这个引导方式可以协助孩子发展判断力和自己的观点，并因此产生同理心，对他们日后人际交往能力的发展具有非常实用的价值。

当孩子遇到挫折时，很多父母会直接提供解决的方法，好让孩子早点脱离痛苦。只是，这种做法会导致两种不好的结果。第一，剥夺孩子自己找出答案的机会；第二，孩子会因此对自己没有信心，认为自己是一个没有能力解决问题并负责的人。

鼓励孩子思考各种可能的选择，并协助他们评估这些选择的优缺点，他们就能够逐渐建立起自己的思考与判断模式。

15

别过度关注孩子的功课，他才能真正自觉地学习

家庭作业对父母的困扰更甚于孩子，它很容易导致每晚亲子间上演的权力交战戏码，让你和孩子都感到十分受挫和生气，也使孩子丧失了自觉学习的动力。

不能否认，父母的出发点都是善良的。他们的目的是要让孩子知道，父母很关心他们的学习状况，也鼓励他们为自己负责的态度。

让孩子为自己的功课负责，并不表示你是懒惰的父母

但是，这些立意善良的父母往往会掉入家庭作业的陷阱中，反客为主地让自己变成了家庭作业的主角，抢了孩子自觉

学习的机会。

　　家庭作业应该是孩子和老师之间的事。老师指定家庭作业的目的，在于协助孩子建立独立的研究习惯，并测验孩子对于每日所学的知识有哪些了解和不了解的地方。因此，一旦父母努力地帮孩子订正错字，以及检查作业里的每一处错误时，老师就无法知道孩子在哪些方面需要加强。

　　父母不直接介入，而让孩子独立完成自己的功课，并不表示他们对孩子在学校的学习完全不关心。定期对孩子的功课提出问题，也是展现关心的一种方式。关心孩子的功课，只是要了解孩子目前的学习内容，而不是批评他不够努力。

关键时刻再介入，才能助孩子的学习更上一层楼

　　什么时候才是父母介入孩子功课的最佳时刻？请把握以下几个关键时刻：

孩子有学习困难的问题时

　　每个孩子的学习方式可能不一样，会需要不同的家庭作业和监督。因此，当你怀疑孩子可能有学习障碍的问题时，就必须找学校的辅导老师谈谈，如果有必要的话，就带孩子去找

专科医生，接受检查。

孩子因挫折而无法完成学习时

有时候孩子在做功课时，会因为遇到无法解决的困难而感到沮丧或生气，这时，你就需要介入，帮助他恢复平静的心情。例如，可以让孩子暂时放下功课，休息一下，吃些点心，并给他一些安慰和鼓励。

如果孩子再回到功课上，还是无法解决先前的困难，就建议他把未完成的功课带去学校，请老师给他一些个别的指导。

迟迟没有开始进行某项读书计划时

面对老师规定要做的报告，许多孩子都会一直拖延。当这种情形发生在你的孩子身上时，你就得协助他，帮他把报告分成几个小部分，然后让孩子一个一个地完成。

孩子在学校没有交作业时

当接到老师的电话，说孩子没有交作业时，你就需要安排一个老师、父母和孩子的会议，让孩子解释没有交作业的原因，并合力解决孩子遇到的困难。

第 4 章

父母态度摇摆，
孩子就有机可乘

16

立足点正确的赞美才能提升孩子的自我认同感

一位母亲去欣赏八岁女儿的小提琴演奏会。当表演结束时,女儿雀跃地来到她的身边,问:"妈妈,我的表演是不是很棒?"母亲语气夸张地赞美道:"这是我看过的最好的表演了,你绝对可以在国家音乐厅表演。"小女孩怀疑地看着母亲说:"你会这么说,是因为我是你的女儿。说实话,我的表演到底好不好呢?"

看到孩子好的表现时,父母总会脱口而出地给予赞美。例如,"你实在太棒了""你真的很体贴""你真是个乖孩子""你好聪明"……父母们总以为,当他们这么说时,就能激发孩子的信心,就能帮助孩子更好地进步。

父母的出发点都是善良的，因此当他们知道，对孩子的赞美反而造成孩子的压力，让孩子感到沮丧或倍受威胁时，自然不敢置信。但是，如果你仔细想想，就会发现：一般父母亲赞美孩子的话，常会隐含着判断。

判断性赞美的立足点，在于父母感觉到被取悦、感到骄傲，或是期待得到满足；而描述性赞美的立足点，则是在孩子的努力与其个人的成就感上。判断性赞美容易造成反效果。例如：

"你把饭都吃完了，你真的很棒！"

隐含的意思：把饭吃完才是很棒的孩子。那么，是不是如果没有把饭吃完，就是个坏孩子？

"你今天的短跑比赛拿了第一名，妈妈为你感到光荣。"

隐含的意思：孩子表现优秀时，妈妈才会为儿子感到光荣。孩子若是表现不佳，是否就不值得以他为荣了？

"老师说你很聪明，他决定派你代表班级参加科学竞赛。"

隐含的意思：孩子必须在班上表现突出，才能得到父母和老师的肯定。如果孩子不擅长科学项目的话，是不是老师和父母就不会肯定他，甚至会因此对他感到失望？

在这三个例子中，大人对孩子的赞美都是判断性而非描述性的。真正能鼓励孩子的是描述性赞美。例如：

"你把饭都吃完了，你应该是饿坏了吧！"

"你今天的短跑比赛拿下第一名，有什么感觉吗？"

"那些科学题目都很困难，可不可以说说，你是怎么解决的？"

赞美孩子的时候，要让他明白你对他的爱与他的表现好坏无关。即使孩子的努力并未达到他自己或父母的期待，但他在努力付出的过程中所得到的成就感与满足感，会让他肯定自我价值，并发展出高度的自尊。

夸张的赞美只会让孩子觉得你是随便说说而已

与判断性赞美比较，错误的赞美对孩子的伤害更深。别以为你的任何赞美孩子都会信以为真，他们其实可以感觉得出来，你的赞美是真心的还是随便说说而已。

例如，父母对孩子说："你篮球打得这么好，应该去打 NBA。"

孩子当然知道这样的话太不实际、太夸张了，因为他知道，自己在篮球校队里都还不是主力球员，怎么可能去打 NBA。他听得出来父母的赞美根本是个谎言，而且会忍不住怀疑自己能力不够好，无法达到父母的期待（能够打 NBA 的程度）。所以，父母是在批评他，而不是在鼓励。

当孩子只为满足大人而努力时，他们将会停止去挑战

许多父母都认为，大量赞美可以促使孩子追求更好的表现，也认同：越被赞美，孩子就越有挑战困难的动机。这其实是错误的观念，也是一种陷阱。

因为孩子都可以感觉得到，这只是父母操纵孩子的一种手法。当父母把赞美的焦点放在外在的奖励上时（口头或实物的方式），就等于在鼓励孩子：努力的动机是为了奖赏，而不是他们自己的兴趣或追求自我成就。

这样的赞美观念，只会让孩子做任何事情都视大人的回应而努力。当他们知道做哪些事情可以取悦、满足父母时，就会只做"安全"的事，而不去尝试或挑战困难的工作。

更令人担心的是，孩子会因此而忽略的自己的兴趣与需求，只是在意父母如何看待自己的表现。渐渐地，他就会缺乏冒险精神或挑战新事物的动机。他甚至还可能会变成一个得

了"赞美上瘾症"的人，动不动就问父母："你有为我感到骄傲吗？""我有没有表现得很棒？"这样，他就永远无法感受到为自己做某件喜欢的事情而产生的喜悦，或是努力追求更高技巧的内在满足。

　　引发孩子挑战动机的最好方式，不是赞美最后的结果有多好，而是肯定孩子在过程中所付出的努力。过度在意结果的父母，无法教孩子为自己的努力付出而自豪，也无法激发他们继续尝试与挑战的勇气。

17

"贿赂"孩子，会使规则更难贯彻

有位母亲最头疼的事，就是每天早上叫儿子去刷牙。儿子总是拖拖拉拉地不想刷牙，而母亲则担心儿子上学会迟到，总是不停地唠叨催促，最后耐不住性子地大吼大叫。后来，她和儿子达成一个协议，如果儿子每天早上都能依照她要求的时间把牙刷好，他就可以得到五块钱。

刚开始，儿子非常配合，完全不需要催促便自动把牙刷好。但是一个月后的某天早上，他对妈妈说："我不想刷牙了。"

妈妈回答："那样的话，你就没有五块钱可拿啰！"

儿子说："没有关系，我可以不要。"

贿赂就像一只专门搞破坏的魔鬼，总是高声地宣示："没错，我就是不能让你做'对的事情'。破坏你的好事，就是我所做的'最对的事情'。"

赌赂确实能够很快得到效果，但长期而言，它却会导致反效果。因为，孩子一旦习惯了这种模式之后，无论你要他做什么事情，他都会以得到报酬作为条件交换。

当你以严肃又权威的声音对孩子说："你最好认真把我的话听进去。"孩子最后学到的是：对于适当的行为还是有讨价还价的空间。他们没有学到：因为表现好而对自己感觉很棒。他们认为自己做得最正确的事情，就是当他们表现出你的预期行为时，就能得到奖励。

赌赂只会鼓励孩子操控父母

什么方法可以让孩子主动去刷牙、整理房间、做家务、做功课，以及其他你所规定的事情？一般来说，父母本身所具有的威信就能够达到这个目的了。然而，一旦你养成了赌赂孩子的习惯，你的威信就会荡然无存，规则当然也就对孩子没有约束力了。

不过，你还是可以试着改变这种情况，就像以下这对母子的例子：

妈妈："把房间整理干净，然后去洗澡。"

儿子："如果我做了，可以得到什么奖励？"

妈妈："那你的房间就会变得很干净、很舒服。"

儿子："可是，上次我整理房间后，你带我去买了一个超人玩具。"

妈妈："你一定很喜欢每次做事情都会得到玩具。但是，我们现在谈的是整理房间，不是一个新玩具。"

儿子："你如果不买一个新玩具给我，我就不要整理房间。"

妈妈："上次是你运气好。但是，家里的每个人都要整理自己的房间。这样吧，等你整理好之后，我们可以一起玩大富翁游戏。"

妈妈的确给了儿子"可以得到什么"的期望，但是这次她并没有使用贿赂的方式，用"如果你做这个，我会给你那个"来达成她对孩子的要求。例如，关于卫生、清洁的事情，是每天都必须做的，绝对不可以用贿赂的方式让孩子产生行动的动机。你可以这样对孩子说："等你刷完牙后，我们就要讲故事啰！"借此鼓励孩子刷牙。

奖赏孩子自发性的努力，而不以贿赂换取

当孩子主动帮忙做家务、自动自发地读书、帮忙照顾弟弟或妹妹时，就要让他知道他的努力你都注意到了，你很感谢他，也为他感到骄傲。像这种自发努力付出的表现，给予奖赏是可以的。

这样的奖赏不同于贿赂。贿赂其实是种条件交换的行为，在孩子行动之前便承诺给他某样奖励，例如，"如果你考一百分，我就买一部自行车给你"。这种方法无法鼓励孩子真心地努力付出。而奖赏却是在孩子自发性的行动之后才发生的，例如，"你一定为自己考了第一名感到很骄傲，这值得庆祝一下哦！"

其实，父母鼓励的话语、赞美的表情和对孩子努力行为的欣赏，就是促使孩子产生积极行为动机的最好方法。父母最真诚的感情，绝对是孩子主动付出的最大动力。

18

多说"好"少说"不好"，孩子会变得更好

"不好！不好！你每次都说不好！"

这个抱怨听起来是不是很熟悉？大多数父母在听到孩子提出要求时，第一个反应，就是否决孩子的要求！

当孩子对你提出请求时，如果大多数时候你的回应都是"不好"，那么不知你是否计算过，一天当中你会说多少次"不好"。

如果你是那种会不停否决孩子要求的父母，你很可能会发现，你的孩子其实都不会再接受"不好"的答案了，并且持续努力地要改变你的心意，希望听到你说"好"。如此一来，若是你坚持不让步的话，就要开始做好"打仗"的心理准备了。

把"不好"变成"好"，孩子就会从反抗变服从

有位母亲每次带儿子上卖场时，都会被儿子的缠人功力弄得很烦。儿子只要看到玩具或他喜欢的食物，就会苦苦哀求她买。若是她不买，儿子就会赖在那个地方不走。

大部分时候，她总是拒绝，而且会因为对儿子狠心地说"不好"而觉得很难过，但儿子似乎不觉得妈妈是认真的，还是不停地哀求。她真的不知道到底该怎么做，才能让儿子知道她的拒绝态度是很认真的，才能让儿子停止哀求的行为。

也许，常常说"不好"的父母们，应该试着说"好"。例如，当孩子在卖场里要求你买给他一个玩具时，你可以这么说："好，等星期六爸爸不用上班的时候，我们一起到玩具城买。那里的玩具比这里还要多，你一定会看到你更喜欢的。"或是"好，下个月就是你的生日了，我们到那个时候再买。"

这个方法虽然不是百分之百有效，但你绝对可以看到孩子的态度有明显的转变。为什么这个方法有效？因为它用"好"取代了"不好"，使得孩子对你"老是说'不好'"的印象改变了。这个以正向说法取代负向说法的方式，使你在坚持自己立场的同时，减少了说"不好"的次数。

　　例如，对于女儿要求买大红色指甲油的问题，过去你总是反射性地回应"不好"。现在，同样的问题，你可以如此回答："当然可以，不论你去哪里都可以涂大红色指甲油，但是不要在学校。"这种说法可以让孩子知道：只要她遵守规则，就可以得到她想要的东西。同时，你才更有可能得到她的配合。

　　如果你很容易心软，经常在说了"不"之后，又因为不忍心而答应孩子的要求，该怎么办呢？为了不让自己成为一个意志不坚定，在"好"和"不好"之间摇摆不定的人，你可以选择用妥协的方式说："如果你一定要去玩滑滑梯的话，我们可以晚点再去。"这可以让你仍然掌控状况，同时有时间认真考虑孩子的请求。

19

摇摆不定的态度会破坏规则

　　大部分父母担心的,不是自己对待孩子是不是太严厉,而是自己会不会太心软、太仁慈,是不是对孩子大开方便之门,让孩子觉得有机可乘。他们不想成为唠叨的父母,但也不想让自己成为孩子眼中"容易改变心意"的人。解决这个矛盾心态的关键就在于取得行动上的平衡。

　　现代的教养态度,越来越不主张采取严厉的手段,这导致孩子越来越有自己的意见,也越来越不听话。不过,这并不表示现代的父母在教养上会比较没有效率,虽然他们有时候也希望自己可以严厉一点,让孩子"怕"一点,才会好管教一点。

当孩子知道你不可能让步时，他们就不会再试图反抗

如果你是个态度坚定的父母，你会发现，当你决定要如何做以后，即使孩子不喜欢，你依然可以轻松地执行你的规则。

在执行许多绝对无法让步的规则，例如关于卫生与清洁问题、生活作息问题，以及父母个人在意的问题的规则时，态度坚定的父母，会在孩子眼中从天使变成恶魔。但孩子其实也很清楚，在这些规则上，父母绝对不可能让步，不论自己如何反抗都不可能改变父母的心意，所以他们也不会试图反抗。

无数父母的经验证实：当你说"不"的态度显得犹豫、矛盾时，就不太可能执行规则。当然，为了突出重要规则不容置疑的地位，有些规则与事情可以更有弹性，有些时候不严厉也没有关系。

当孩子看到你在某些规则与事情上的态度变得比较宽容时，他们反而会对"不可让步"的规则更主动配合。

停止向孩子传递摇摆不定的信号

你担心你的教养方式过于摇摆不定吗？如果下面的情景

听起来很熟悉的话，你可能就需要重新思考一下，如何才能让自己变得比较具有威信：

- 你告诉你五岁的孩子，你希望他每天晚上在八点前关灯睡觉。但是，他通常都会反抗，并且至少拖拉到九点才肯上床。弄到最后，你每次都会对他生气（也会对你自己生气）。

- 你的孩子为了看电视而争吵，你很生气地告诉他们：三天不能看电视。然而，一天之后，你又因为他们让你抓狂而让步了。

- 你们在商店里等候结账，你的女儿开始在收银台前"尖叫"，苦苦哀求要一根棒棒糖。她知道那是违反规则的，但是你却因为累得不想争吵和担心她会成为目光的焦点而让步。

- 你不同意你的儿子玩电脑上的暴力战争游戏。但是，当他抱怨他是班上唯一一个不被允许玩这个最新游戏的人，并指责你很坏的时候，你就因为对他感到很抱歉而让步了。

- 在让孩子到朋友家玩之前，你会希望找出能掌控一切的人，也希望了解是否有人监督孩子看电视，但是，你不好意思问孩子朋友的父母或照顾者，所以就这么算了。

20

别掉入"让孩子快乐"的圈套

　　无法坚定拒绝孩子的不合理要求，是宠坏孩子的主要原因。许多父母因为不忍心看到孩子失望或难过的表情，所以当孩子提出违反规则的要求时，便会心软地让步，以满足孩子、让孩子"快乐"，也减轻自己的内疚感。虽然出发点是善良的，但父母会在不知不觉间掉入"让孩子快乐"的圈套。

　　父母一旦因为态度摇摆不定而掉入这个"快乐圈套"，不仅会失去掌控权，还会让孩子牵着鼻子走。以下的对策可以帮助父母摆脱"快乐圈套"的牵制。

说"不"就是"不"，孩子就不会乘机作乱

你有没有观察过，当自己说"不"时，它听起来是否像"也许""可能"？如果你的语气带有明显的不确定性，孩子马上就会逮到机会，发动更强大的哀求力量，因为他们从你的态度中解读到，你传递出来你不想让他们失望、不快乐的信号。

不论你对他们说"不"的态度是坚定或摇摆，他们都可以很快地感觉出来。一旦你的态度不够坚定，你就是在告诉他们"你可以对我哀求、哄骗、反抗或使性子，我也许会改变心意"。

别忘了，虽然你每天有忙不完的事情，但孩子一点也不忙呢！他们会把所有的精力和时间都用在你身上，直到你改变心意为止。父母常常会有"预期孩子会测试我"的心态，这正好让孩子发现"你也许不是那个意思"。

因此，当你必须说"不"的时候，你的语气、眼神、表情和行为，都必须清楚且确定地表现出"不"。这个时候，就能把孩子的"不好"变成"好"。

就算孩子看穿你的弱点，也绝不要让他们得逞

你和孩子之间是不是已经在无形中建立起了一种操控模式——他们操控了你？

仔细回想一下，你的孩子是不是很有把握，只要他在公共场所闹脾气，就能够改变你的心意，让他的要求都得到满足？如果答案"是"的话，那么你就是被他操控了，因为他知道你抵抗不了他的闹脾气。

这时，你就必须让他清楚地知道，这一招再也无法得逞了。下次他又在公共场所耍赖、使性子时，就对他说："我数到十，如果你还不安静下来，我们就立刻回家。"而且你必须言出必行。如果同样的情形出现在家里的话，你可以对孩子这样说："我数到十，如果你还不安静下来，你就去面壁，直到你平静下来为止。"或者说："看你这么失望我也很难过，但是，我是不可能改变心意的。"

孩子被欲望"绑架"时，要坚定地拒绝

当孩子提出要求时，要把焦点放在"需要"上，而不是"欲

望"上。孩子的要求是无止境的，但他们未必能分得清楚什么是真正需要的，什么只是自己想要拥有的欲望。所以，即使孩子一时之间会不高兴，你也必须帮助他们分辨清楚。

令人遗憾的是，有太多的父母自己也不清楚"需要"与"欲望"之间的差别。只要去看看那些生意兴隆的商店，就不难发现，许多父母花上几个小时排队，只是为了帮孩子抢购演唱会的门票或流行商品。

"妈妈，我要买那个游戏机""妈妈，你知道我非常非常想要养一只狗，对不对？"孩子们早就被欲望"绑架"了，他们想要买每一样自己看见的东西，而且会"全心"去要它。

拒绝孩子的欲望，一定会让他感觉很失望。所以，你也不要期望他会给你一个大大的拥抱，并感激地说："妈妈，谢谢你拒绝买那个玩具给我。"但你必须让孩子了解，被拒绝并不表示父母不爱他，同时，你也要了解到，即使孩子得到他想要的东西，也不一定就会更快乐。

事实上，当父母的立场很坚定、界线很明确时，反而可以让孩子有安全感，知道哪些事情即使苦苦哀求也无法改变父母的心意，而哪些事情是有讨论空间的。其实，对于孩子层出不穷的欲望，你没有必要立刻回应他"好"或"不好"，不妨换个不容易引发战争的方式，说："让我想一想，然后再回答你。"

"我明天回答你。"或者"我和爸爸讨论一下，然后再回答你。"
你会发现，有时候当你准备好要回答时，孩子已经忘了或不感
兴趣了。

即使有挫败感，也要坚持父母的立场

当孩子要求拥有某样东西或去做某件事情而遭到父母拒
绝时，孩子常常会一脸怒气地大叫："我最讨厌你了！""你最坏
了！""你一点都不爱我！""哼！我再也不要理你了！"这些话真
的会伤父母的心，让父母感到很生气，或者产生深深的挫
败感。

当挫败感使你试图做孩子的朋友而不是他们的父母时，
问题就开始了。没有父母会想掉入"让孩子快乐"的圈套里，
但是对孩子强烈的爱和关怀，让他们无法自拔地掉入这个
圈套。

其实，不要觉得有挫败感，也不要掉入"让孩子快乐"的圈
套里。你可以对孩子说："我很抱歉让你这么失望又生气，但
是，我的答案还是'不可以'！"

当我们学会跳出自己的挫败感、分辨"需要"和"欲望"的
不同时，我们就不会那么容易掉入"让孩子快乐"的圈套里了。

第 5 章

父母不倾听，
孩子就不沟通

21

别说容易让孩子"宣战"的话

有些字眼虽然很简短，却有着浓浓的挑战意味，可能激得对方忍不住"宣战"。它能够挑起亲子、伴侣或任何亲密关系之间的冲突。为了避免冲突，我们若能知道哪些是会引起对立、充满硝烟味的话，就可以用带有鼓励性与理解性的话语来替换。

通常，宣战性的字眼都会出现在话语的开头处。有些话表面上看起来无关痛痒，却很容易激起人们的愤怒情绪，这些字眼包括"如果"与"为什么"。

以下是可以替代"如果"与"为什么"的鼓励性、理解性的字眼。

别说"如果你……"，改说"当你……"

听的人若是把"如果你……"视为威胁，就会发出挑战书，正式宣战。例如，以下的说法，就会让孩子对父母宣战：

"如果你不把故事书放回书架上，我就把它们通通拿去卖掉。"

"如果你现在不把电视关掉，我就要罚你三个星期不准看电视。"

虽然这些威胁的话通常都不可能实现，但是许多孩子却会当真，并且把它视为一个挑战，于是对父母宣战，而且会重复发动攻击，只为了测试父母执行处罚的决心。一旦最后他们发现父母并没有言出必行，他们就不会再认真看待父母所说的话。

这样说，结果会比较好

使用具有正面性、不容易让孩子感受到威胁的话语，就可以使你们的亲子互动保持理性。例如：

"如果你把故事书放回书架上，我们就去公园玩滑滑梯。"

"如果你现在把电视关掉，晚上我们就读你最喜欢的故事。"

拿掉"为什么"，让问题变得更清楚

"为什么"也是让孩子发出宣战书的字眼，尤其是当它后面紧接着"你不能"时。例如：

"为什么你总是不能把脏衣服丢到洗衣篮里？"

"为什么你总是不能把东西放回原来的位置？"

"为什么你总是不能乖乖地坐下来吃饭？"

这些问题都没有答案。在这里，父母真正的用意并不是要得到答案，而是借由这些问题来责备或批评孩子。只是，一旦孩子觉得自己被指控时，他们便很难再配合父母的规则或要求。

另外一个会挑起孩子宣战情绪的"为什么"，是有着明显质问口气的"你为什么……"例如，"你为什么打隔壁班的小美?"对年幼的孩子而言，他们其实不知道自己为什么会做已经发生的事情，因为大多数时候，他们的行为只是出于本能的反应而已。

这样说，效果会比较好

把"为什么"拿掉，就可以让问题变成一个清楚、坚定而且没有指控的陈述。例如：

"你必须把脏衣服丢到洗衣篮里。"

"用完东西后必须放回原来的位置。"

"吃饭的时候必须乖乖坐好，不可以跑来跑去。"

控诉孩子的整体个性，如"为什么你总是不能……"是孩子无法改变的，但是陈述孩子的行为，如"你必须……"则是他可以控制的。

控诉会使孩子对父母有所防备，孩子自然也就不会变得更好，也不会改善他的行为来满足父母的期待。

22

不要压抑孩子的负面感觉

不可否认，虽然我们都是成年人，但要去聆听孩子失望或受挫的心情，其实并不容易。但若孩子表现出来的情绪是正向的、快乐的，我们就比较乐意聆听他们的心情。

当孩子放学回到家兴奋地喊着："妈妈，今天老师说我写字写得很整齐漂亮喔！她还给了我一个苹果贴纸耶!"的时候，我们的心情也会随着孩子的喜悦而变得愉快。但若孩子带来的是负面消息，那么情景可就不一样了。当我们听到家中的老大一直抱怨我们偏心、比较爱妹妹时，我们的心情不是愉快，而是急着想要向孩子解释，消除他内心的怨恨和不平。

永远要让孩子觉得，他们的难过情绪都是合理的

许多父母在看到孩子生气、难过、悲伤时，都会想办法和孩子讨论他的情绪，好让孩子尽快脱离负面情绪。这样的认知其实是错误的。

当然，没有父母想要看到孩子不快乐，只是他们也没有能力每次都抚慰孩子的心灵，并帮他们把事情由坏变好。面对一个输了球赛的孩子，你对他说："输了就输了嘛，没有关系啦！又不是世界末日。"这样的说法是在否定他受伤的感觉。

当女儿气呼呼地抱怨在学校里被同学推倒时，你安慰她说："他又不是故意要推倒你的，干什么生这么大的气呢！"这种说法一样无法让孩子得到安慰。

诸如此类的安慰话语，只会让孩子觉得，父母不了解也不在乎他们的感受。

解决孩子的负面情绪问题，真的不是父母的强项。但是，无论如何，父母都可以让孩子知道，他们伤心、难过的感觉是合理的、自然的，有那些感觉并没有什么不对。

对父母来说，理解孩子的负面情绪，是维持和谐亲子关系的重要的技巧，是需要练习的。要怎么练习呢？以下是具体

的办法：

● **不说教，不反驳，也不评判**。听到或看到孩子抱怨时，不反驳，也不要做任何评判，只需描述你所看到或听到的。例如，当听到孩子对你抱怨读书太累、功课太多时，不要用说教的方式回应他："你现在是四年级的学生了，不可能再像读幼儿园时那样，整天吃东西、玩游戏。"也不要否定或批评他："你怎么老爱抱怨读书很累、功课很多呢？在我看来，那些功课都很简单啊！"

比较有效的回应方式是，以描述、不具评判性的方式对他说："看起来功课好像挺多的，要全部写完真的还挺累的。四年级实在很不简单啊！"

● **别斥责孩子的抱怨是胡说八道**。承认孩子的感觉，会让他们的情绪得到某种程度的安抚。例如，当孩子半夜来到你的房间，哭着说："我的床底下有怪物，我好怕！"时，请不要斥责他。

比较有效的回应方式是，承认孩子的感觉。你可以这样对孩子说："床底下黑漆漆的，很可怕，对不对？那我们要怎么做，才可以让你不这么害怕呢？"

● **不知如何回应时，把孩子的话再说一遍或换个方式陈述**。当不确定如何回应孩子的抱怨，或需要得到更多信息时，就把孩子说的话再说一遍或换个方式陈述。例如，当孩子抱怨"老师当着全班同学的面，把我臭骂了一顿"时，不要对他说："你一定做错事了哦！"这样的回应等于是对孩子未审先判。

比较有效的回应方式是，对他说："老师当着全班同学的面臭骂你了哦！哇！那你应该会觉得很难堪吧！"这样的回应会让孩子觉得你能体会他的感受，比较能够进一步诱导孩子说出详细的内容。

对于孩子的负面感觉，父母要多一些宽容与同情心，但对孩子的行为仍须严格要求。

孩子没有办法控制自己的感觉，但有能力掌握自己的行为。而父母的工作就是，帮助孩子了解"言"与"行"之间的重要区别。也就是说，父母要让孩子明白：虽然会有不愉快的感觉，但是仍然要约束自己的行为。

23

通过书信与字条，让感情更真实地传达

不论是要求孩子去做一件困难的事情，还是在亲子战争后与孩子修补关系，或是对孩子表达爱和赞赏，书信与字条都会让你收到意想不到的效果。

父母可以利用书信或字条来强化亲子之间的感情，尤其以下几种情境更适合使用书写的方式来达到促进对话的目的。

亲子战争结束之后

教养孩子的过程中，难免会发生亲子战争。当我们气到失去理智时，就可能脱口而出一些自己平时不会说的话，伤了孩子的心，也破坏了亲子之间的和谐感情。

当我们恢复理智、情绪平静下来之后，可以通过书信，帮助我们缓和受伤的感觉，并修补有裂痕的亲子关系。

有位妈妈在工作了一整天后，到学校去接儿子。学校老师告诉她，她的儿子拒绝写作业，也不愿意复习功课。回到家后，她气得对儿子破口大骂："如果你不能对自己的事情负责的话，那么说好的出国旅行，也不必去了。"

儿子一听，也生气地顶嘴："你每次都这样威胁我！不去就不去，我才不稀罕！"然后他跑回房间，用力甩上房门。

情绪平静下来后，妈妈觉得自己太小题大作了。她写了一张字条塞到儿子的门缝下："……我很难过，你不但对老师不礼貌，还没有依照我们的约定把功课做好。不过，我还是必须向你道歉，因为我不该发脾气痛骂你。知道我为什么这么生气吗？因为我们说好的，我努力上班、你用功读书。可是你没有做到你该做的事。现在我们都还在气头上，所以，等我们都冷静下来后，再好好来讨论这件事。"

儿子读完字条后，走出房间对妈妈说："我知道是我不对，没有把我该做的事情做好。对不起，以后我不会再这样了。"

传达坚定意志并预防激烈口角

当父母必须坚持规则，又想避免激烈的辩论和口角时，书信和字条便是最佳的工具，它能够清楚地帮你传达坚定的立场，又可以恢复亲子双方的理智与情绪。

马克不答应十岁的儿子放学后和同学去公园骑自行车，换来怒气冲冲的儿子指控他不公平。那天晚上，马克写了一封简短的信，并把它放在儿子的书桌上："……我能理解你无法接受我不答应让你和同学去公园玩的心情，我也知道你到外面玩时，你都会把自己照顾好。但是，由于你要去的那个公园就在大马路旁，来往的车子非常多，又没有其他大人陪着你们，所以我才无法答应你。这个事情和你的安全有关，是不能让步的。如果你有更好的想法，我很乐意听听看。"

当天晚上，他的儿子也在他的床头柜上留了一张字条："爸爸，我同学的妈妈也不答应让她去公园骑车。你放假的时候，可以带我去吗？"

表达爱和赞赏并留下真实记录

当孩子违反规则时，父母常常急于斥责孩子的错误，而忽略了表现对孩子的爱和骄傲。其实，通过书写的方式，就能有效避免这种情况的发生。书写，除了陈述孩子所犯的错误外，更能表达对孩子的爱与赞赏。最重要的是，这封书信可能被孩子终生保留，成为珍贵的纪念物。

有位妈妈必须到外地出差一个星期。由于她不曾和女儿分开这么多天，于是在出差期间，她写了电子邮件给八岁的女儿："宝贝，这一个星期不能陪在你身边，我将会感到很寂寞，也会很想念你。真希望这一个星期可以赶快结束，可以赶快拥抱我亲爱的小宝贝。爸爸告诉我，你帮忙照顾了三岁的妹妹。奶奶也告诉我，你帮了很多忙喔！我要做的第一件事，就是给你一个大拥抱。"

这个女儿一直保留着这封电子邮件，并且还把它打印出来，放在一个特别的地方仔细保存。

曾经写过字条和电子邮件给孩子的父母表示，这么做的好处就是：当他们书写时，因为心情已经平静许多，所以容易语气柔和地表达他们的想法、感觉和要求，而不会出现尖锐的字眼。更大的好处是，孩子不会再做相同的事情。

24

帮助孩子自觉地说实话

毋庸置疑,"诚实"是一个重要的品质,也是必须要做的事。所有的父母也都认为孩子应该说实话,因为他们知道,诚实的人才能拥有自信,并赢得人们的信任,而父母需要了解孩子的真实情况,特别是有关孩子安全的事情。以下提供的方法,可以鼓励孩子做到诚实。

父母要以身作则,说实话

父母以身作则,是教导孩子诚实的最好示范。如果孩子在日常生活中经常看到父母说谎,他们就会学到"事实不重要,利益为上"! 别以为偶尔说谎不会给孩子带来负面的影响，其实当你言行不符的时候，他们都会注意到。

许多人在遇到特殊情况时，会将说谎"合理化"，或把"善意的谎言"当成说谎的借口。但是，即使只是一个小小的谎言，也可能对孩子造成负面的影响。

不论在任何情况下都不该说谎，即使你觉得在当下的情况，说半真半假的话会让事情变得比较容易与顺利。父母尤其在孩子面前，更要注意自己的言行。例如，当你不想参加同事聚餐时，不要用生病当借口来推辞，只要诚实且委婉地说"我今天不太适合参加"或"这真不是个好时机"。

孩子的小谎言是为了自我保护，不必过度反应

几乎所有的孩子都会偶尔撒个小小的谎，这是他们为了保护自我的自然反应，因为他们不想惹父母生气，更不想被处罚。

当你发现孩子说"没有，我没有吃饼干"之类的谎言时，不要急着对他们长篇大论地说教，而要平静地告诉他，诚实是重要的品质，所以你希望他能说实话。

不要过分夸大诚实的重要性，而断然地因为孩子一个小小的谎言就否定他的人格。处理孩子的小谎言时，只需把重

点放在不诚实的事件上即可。例如，不要对孩子说："你是个不诚实的小孩。"而要说："你没有说出饼干为什么会变少的原因。"当你对孩子的谎言不生气时，他就不会否定自己的人格，觉得自己是个说谎的"惯犯"。

例如，当孩子告诉你，他已经把房间整理干净了，但是你却发现他其实把脏衣服、脏袜子都塞到床底下时，千万不要对他做概括性的指控，说："我就知道我不能相信你。"而要改用比较不会造成孩子心理阴影的说法："当我不再相信你会告诉我全部的事实时，我会很难过。"这样比较能够去除孩子的恐惧，打开诚实的大门。

把说谎的重点放在"承认"，而非"处罚"

对年幼的孩子而言，"说实话"有时候就表示得面对被处罚的下场。因此，如果要让孩子愿意说实话，就必须让他有足够的安全感。

当孩子告诉你某件他知道可能会让你失望的事情时，你应该对他说："我很感谢你愿意诚实地告诉我这件事，这对我来说很重要。"借此帮助孩子培养诚实的习惯。

千万不要让孩子有"爸爸知道实情后，我就完蛋了"的心理阴影。当孩子诚实地说出了一件让他非常难以启齿的事情时，你要把重点放在孩子承认的勇气上。虽然那并不表示他不需要接受处罚，但你对他的诚实给予鼓励和赞美，却可以帮助他更勇敢地面对自己。

如果你不得不对说谎的孩子作出处罚，也要让他明白，处罚是因为他违反了规定，而不是因为他说了实话。

例如，如果孩子很干脆地承认："是的，是我把妹妹弄伤的！"你应该这样回应他："我很感谢你愿意和我说实话，我知道那要很大的勇气才能做得到。你的诚实让我感到很骄傲。不过，我们还是得讨论一下如何安全地照顾妹妹。"

不要为了证明孩子说谎而故意设圈套

父母最不应该有的行为是：自己明明已经知道答案了，但却为了证明孩子说谎，而对他设圈套。如果你不希望孩子说谎，那就不要设圈套，诱使他掉入陷阱。设圈套不但无法帮助孩子做到诚实，反而是在助长他说谎。

年幼的孩子很容易说谎，所以更需要你的耐心和敏锐感觉。当你看到孩子的脸上残留着饼干屑时，不要问他："你是不是吃了我昨天买回来放在冰箱里的饼干？"一听到这样的问题，大部分的孩子都会否认到底，你的孩子也不例外。所以，不要提出让孩子必须为自己的行为辩护的问题，只需简单地陈述事实，说："那些饼干是明天要送给生活辛苦的小朋友的。"

25

不要让"提醒"变成"唠叨"

有个妈妈在怀孕的时候,便信誓旦旦地说:"我绝对不会像我的母亲那样,对我的孩子唠叨不休。"

但是,当她的儿子会走会跑也会讲话的时候,她发现自己根本做不到当初的誓言。她那个两岁六个月的儿子,每次想要得到某样东西时,不管她拒绝了多少次,他就是非要得到不可。

他会把所有的玩具从箱子里翻出来,会把墙壁画得一片脏乱,会把工具箱里的工具全给倒出来,会跑到浴室去玩水……一整天下来,这个妈妈发现自己不停地说:"不要碰那个东西""不准玩水""不准玩剪刀""停下来",但是,儿子根本就无动于衷。

渐渐地，她开始会对儿子发脾气了，而且讲话也越来越尖刻且没有耐心。她常常会对儿子说的一句话是："我已经告诉过你几百遍了，为什么你就是听不懂？"

事实上，她知道自己已经变成一个唠叨的人，因为每次她要提醒儿子时，他就会自动把她"关机"，就好像她以前对自己的妈妈那样。问题是，她真的不知道还有什么方法，可以让儿子打开耳朵，把她的话听进去。

父母好意"提醒"，孩子却认为是"唠叨"

没有父母希望自己成为爱唠叨的人，但是却又不知道怎么做才可以让自己不唠叨。

事实上，确实有一个办法可以让你不再唠叨，那就是——停止说话，然后开始采取措施，改正唠叨的问题。

有位妈妈便自嘲地说："每次在提醒孩子要记得做什么事情时，我都觉得自己像个自言自语的疯子，对着空气讲个不停。"

我们总是努力地说服自己，我们对孩子的关心是"提醒"不是"唠叨"，这两者是不一样的。我们认为没有我们不断的提醒，孩子就不会把事情做好。或者，我们是担心，如果没有我们不停的唠叨、催促，孩子就会忽略一些重要的、安全性的、道德或礼貌方面的事情。问题是，类似这样的提醒，几乎都看不到任何效果。

孩子为什么会对父母无止境的提醒给予如此负面的回应？唯一的理由就是：我们让他觉得很丢脸。

因此，下次当你要开口提醒孩子任何事情之前，不妨先想象一下，如果他不是你的孩子，你会用什么方式提醒他？例如，儿子带同学到家里来玩，把三岁的妹妹弄哭了，我想你一定不会对他大吼大叫："你为什么要欺负妹妹，你真的很坏耶！"而是会以比较婉转的语气说："妹妹也想要和你一起玩，可不可以给她一个玩具呢？"或者，你也可能什么话都没有说，只是拿了一个玩具给妹妹玩。

有时候，你只要做而不需要说，效果反而会比较好。

只"提醒"一次，然后就采取行动

大部分的父母都会花很多时间不断地提醒孩子，以为这样做可以加强孩子对重要事情的印象，然而孩子却早在父母开口说"不要忘记……"之前，就对他们"关机"了。

想让自己不唠叨、并让孩子愿意聆听，不妨试试看"只说一次就行动"的办法。

有个妈妈在第一次叫孩子吃晚餐的时候，孩子没有回应，只是目不转睛地盯着电视。这个妈妈便一言不发地走到客厅，关掉电视，然后转身走开。孩子虽然抗议，但还是乖乖地到餐厅吃晚餐。用餐的时候，她平静地说："我想，如果电视不打开的话，你就可以听到我叫你吃饭的声音了。"

第二天晚上，当孩子一听到她叫大家用餐时，立刻就把电视关了。接下来那一个星期的晚上，她变成了一个一点都不唠叨的人，因为在她叫了第一声之后，孩子马上就关掉电视了。

显然，当孩子觉得父母嘴里说出来的话，都是批评、生气或抱怨的话，而不是关爱和鼓励的话时，他们自然就不会想要合作。

第6章

父母忍不住发脾气，
孩子就会受负面影响

情况失控时，可以生气，但避免伤害

当父母出乎意料地突然对孩子发脾气、情绪失控时，通常会产生挫败感，而且每每想到此，就会觉得自己在某种程度上是个失败的父母。

但是，生气原本就是人类的正常情绪，而且，人们生气的对象往往都是他们最在意的人。可见，问题并不在于如何阻止愤怒情绪的发生，而是当愤怒不可避免地发生时，应该要如何处理。

当事情无法控制时，可以采用以下几种方法解决：

暂时离开，可让孩子知道事态严重

愤怒容易使人情绪失控而说出伤人的话，导致问题变得更难以收拾。当发现自己被气得满脸通红的时候，如果可以暂时离开现场，让自己冷静下来、恢复理智的话，就可以避免不良的后果。

暂时离开，是自我控制的一种有力表现，它同时还能让孩子警觉到，父母有多么重视这件事情。你可以离开房间、戴上耳机，或离开房间、去散步，或离开房间、做点家务。总之，就是先分散自己的注意力，让时间冲淡一下自己愤怒的情绪。

例如，你只需对孩子说："我现在很生气，我们先到这里为止，等我冷静下来后再继续讨论这件事。"然后转身离开。这个很简单的动作，就可以让你的孩子知道，你为什么要离开那里。

当你离开的时候，孩子可能还处在愤怒或难过的情绪中。但是，与其让自己的情绪失控，对孩子大吼大叫、打人，或进行言语攻击、对孩子造成伤害，还不如选择比较没有伤害性的暂时离开。

管不住自己的情绪时，要管好自己的舌头

处在激动情绪（如生气、受伤、难过）中的人，通常都无法保持理性与礼貌地和另一个人沟通。因此，如果孩子让你气

到脸红脖子粗时，就试着闭上嘴巴，管好舌头几分钟，什么话都不要说。

　　人在很难过的时候，正是心灵最容易受伤的时候，而且也是最无法有效自我控制的时候。当你处于这种情绪时，记得要提醒自己："我必须先控制自己的情绪，才能有效控制场面。"什么话都不说，最大的好处是，你不需要收回脱口而出的伤人言语。就像某位智者所说："如果你没有冲动地马上做某件事，就永远不需要'重来一遍'。"

把眼光放远，问问自己："这件事有多重要呢？"

　　有时候，在沟通没有结果的情况下，孩子会表现出令人生气的行为，目的只是为了激起你的反应，或企图引起你的注意。在家里，他们会因为不愿乖乖就范而四处乱跑，在餐桌上会把饭菜洒得满桌、满地以挑起你的情绪，或者为了改变你的心意而对你进行挑衅，并在你说了"不"之后，还不断地说服你、哀求你。

　　在你带着一个无法与孩子取得共识的问题走向孩子之前，先停下脚步，把眼光放远，问问自己："一星期以后，这件事是不是还会这么重要呢？"或"这件事情真的重要到必须牺牲我们的亲子关系吗?"在你回答这些问题的同时，你的理智已经开始回来了。

别让"最后一根稻草"压垮你的理智

有时候，孩子只是违反了一个不重要的规则。最后，这可能会演变成压垮父母理智，导致父母情绪崩溃的"最后一根稻草"。

面对应接不暇的孩子违规状况，你好不容易都忍下来了，谁知道紧接着一件微不足道的小事，就像是打翻了你心中的汽油桶一般，让你的怒火再也无法压抑地冲上来。然后，你开始大声地对孩子翻旧账，把他在那一天、那一个星期甚至是那一个月里所做的所有令人生气的事情，一件不差地数落一翻。然而，孩子其实在你指控第一或第二件事时，就已经"自动关机"了。

要知道，当你陷入黔驴技穷的窘境时，最容易对孩子展开猛烈的攻击，不管是言语上或身体上。为了不要造成难以收拾的伤害，当"最后一根稻草"出现时，你必须立刻离开现场，即使只是走到另一个房间，什么都不想，闭上眼睛三分钟，也是很珍贵的。

27

对孩子动手，孩子就会上行下效

有位父亲警告他四岁的儿子："绝对不可以动我的书桌，因为抽屉里放着很重要的文件。"

有一天，他看到儿子乱翻抽屉里的东西，便生气地打儿子的头，还说他是坏孩子。但是，当天下午，他发现儿子在后院里打了他们家的狗，因为那只狗踩坏了小花圃。儿子还对着狗大骂："坏狗狗！坏狗狗！"

这时，这位父亲才意识到，他教了儿子一个错误的观念：只要你做错事情，你就必须被打。

打人，绝对是教养方式中最会挑起激烈亲子战争的手段。不幸的是，不少父母至今依然把"不打不成器"奉为教养圭臬，有些父母甚至认为以打人的方式来教导孩子尊重父母，这并没有什么不妥。他们认为面壁、待在房间，这类温和的管教方式没有效果，尤其当孩子年纪还小的时候。

也许真如那些父母所说的，温和的方式未必能收到明显的效果，但是，打人更不会是一个有效的替代方式。

什么样的理由会令父母以打人的方式教养孩子？这些理由真的可以成立吗？是否有更好的方式可取代？以下是几种父母打小孩的理由：

动手，是为了让孩子体验被打的感受

四岁的妹妹看见哥哥在练习骑自行车，她吵着也要骑，但见到哥哥不理她，便从后面用力拉住车子，结果害哥哥摔下车。哥哥气得打了妹妹几下。妈妈见状，也生气了，她也打了儿子，并对他说："你怎么可以打妹妹！你不知道那会很痛吗？现在你知道那是什么感觉了吧。"

儿子抗议地大吼："谁叫她害我摔下了车！你最偏心了，我讨厌你！"

男孩在被妈妈打之后，感受到的不是为自己的打人行为感到愧疚，而是对妈妈打他感到不满。同时，他也认为，既然妈妈都可以打人，为什么我不可以？

　　这个妈妈原本想借以牙还牙的方式，教导儿子"打人"是错误的行为，没想到反而教导了孩子：打人是一种被容许的解决问题方式。

　　其实，妈妈可以有更好的解决方法，就是坚定地对儿子说："我们是不是有'不可以打人'的约定？ 妹妹害你摔下车，你可以很生气，但是绝对不可以打她。"她甚至还可以提出建议，下次他练习骑自行车时，她会把妹妹看好，不让妹妹靠近他。

　　要孩子遵守"不打人"的规则，最有效的方法就是父母以身作则。如此，你的孩子才能学到——打人并不是解决冲突的理想方法。

拿"我是一时失控，不是故意的"当借口

　　任何人都难免偶尔会情绪失去控制，父母情绪失控的概率则更高。在事情过后，虽然他们都会承认打孩子是不对的，但同时也辩解，在那个当下自己已经失去理性了，所以无法保持冷静。

　　"我是一时失控，不是故意的"，这样的借口实在不适用于

大人身上。正因为我们是一个成熟的人，所以无论多么困难，都不能对孩子动手，而必须寻找其他方式来处理我们的愤怒情绪。

承认吧，当孩子把我们惹到火冒三丈时，我们也会退化到孩子的智力程度，甚至比他们更幼稚。

当我们真的很生气的时候，比较好的应对方式是离开冲突现场，直到心情平静下来后，再回头解决孩子的问题。这样，我们就比较不会很想动手打人了。

孩子学会了"做坏事没关系，不被抓到就好"

"省了棍子，坏了孩子"，许多父母对这样的观念深信不疑，且担心孩子如果不用棍子管教的话，就会变坏或被宠坏。这些父母宣称，自己也是棍棒管教出来的，所以才能长成一个独立且品格端正的人。然而，省了棍子，其实不表示父母就会溺爱、宠坏孩子。

事实上，对父母或是孩子来说，打人都是可以快速宣泄自己情绪的方法。就父母而言，打孩子可以让他们的愤怒得到缓解，同时觉得问题已经得到了解决；就孩子而言，当他们被打的时候，也会觉得自己从那个问题当中获得了解脱，他们会认为：反正已经被处罚了，这件事情就算解决了，便错失了学习如何正确处理问题的机会。

体罚无法培养孩子的正向价值观，因为他们很快就会从"被打"的经验中发现，避免被打的最好方法是：确保做坏事不要被捉到，而不是不要做坏事。

如果你能够发展出"不打人"的态度，孩子反而会正视你的力量。他们会了解，你不会用迅速结束问题的打人方式来回应他们的错误行为，而是会迫使他们检视自己的行为，并协助他们改变自己。

体罚所引起的身体疼痛无法教导孩子针对问题寻求非暴力的解决方法。亲子之间所建立的紧密关系，才是让孩子表现良好的关键，才能让他们成为负责且体贴的人。

避免因愤怒而打孩子

当孩子的行为让父母很愤怒、害怕或感到极端受挫,却又束手无策时,满腔怒火的父母有时就会以"打孩子"来解决问题。

打孩子并不能帮孩子建立面对问题的正确态度。只有当你可以控制自己的愤怒情绪时,才能控制你的孩子,也才能找到管教孩子的正确方法。

是不是有其他的替代方式,可以让你避免因愤怒而动手伤害孩子? 以下的建议都很值得学习:

让孩子牢记自己的错误行为

有位妈妈看到四岁的儿子把手指伸进转动中的电风扇

时，她感觉到头皮发麻又惊慌失措，一股怒气冲了上来，她用力打了儿子。然而，在动手的同时，她也对自己的反应感到震惊，因为她一直以来就很反对"打骂"教育的。

"那一刻，我的心脏差点就停了。我把儿子狠狠地揍了一顿，因为我实在太害怕了。我希望这样做可以让他知道，这件事有多严重。"她事后表示。

我相信所有的父母在遇到同样的状况时，都会有想要打人的冲动。然而，这位妈妈的处理方式显然不合适，她让儿子牢记的只是被打的痛苦，而不是做错事情本身。

想要让孩子牢记自己的错误行为，最有效的方法并不是狠狠揍他一顿。这个时候，如果你能蹲下来，紧握着孩子的肩膀，平视他的眼睛，然后用听起来生气又让人害怕的语气说："你以后绝对不可以这样做，一次都不行！"这样反而能够成功地传达重点，也会让孩子留下深刻的印象。

坚定且权威的语气

有些父母表示，他们能让孩子乖乖听话的唯一方法，就是用"打人"的方式来迫使孩子就范。像这类认为"打孩子"是唯一管教出口的父母，真正需要的是一个坚定且充满权威的语气。

坚定且权威的语气，是最有效的管教工具之一。

大部分人都应该记得，小时候，父母的一个眼神或一个手势，就可以阻止我们做某些事情。眼神或手势都是大人权威的表现方式。当他们给出指示时，只需说一次，如果孩子不理会的话，他们接着就会采取行动。

正因为他们的态度很坚定，所以显得很有分量。例如，当他们说："如果你现在不关掉电视去做功课，那么你接下来两个星期都不准看电视。"从他们的语气，我们知道他们是认真的。他们的目的不是要孩子感到恐惧，而是要他们学到道德与价值观。

让孩子学会为自己的行为负责

有个五岁的男孩，从电视上学到一句不雅的话，便顽皮地对着来访的客人说。一旁的妈妈见状，感到十分困窘，也很担心客人觉得她不会教孩子，于是她打了儿子。

"我没想到的是，他竟然眼神充满仇恨地瞪着我，令我不由自主地打了个寒噤。当下，我立刻意识到，我做错了。因为他丝毫不觉得他的粗鲁行为是不对的，反而表现得像个受害者，而我是个加害者。显然，'被打'并不会让他改变不佳的行为。"她忧心地说。

其实，要改变孩子的负面行为，与其给他一个巴掌，还不如教他学会为自己的行为负责。这个方法可以让他知道，要懂得尊重别人的感受，不该对人说不礼貌或侮辱性的话。这位妈妈可以用冷静而坚定的语气说："这种话绝对不可以讲。等客人离开后，我们再来讨论这件事。"让孩子清楚自己的语言不合宜之后，再让他打个电话向客人道歉。

㉙

一句幽默回应胜过长篇大论

有什么方法可以让即将生气或盛怒中的人立刻不生气？答案是：幽默。

一个六岁男孩在卖场的玩具区里，吵着要妈妈帮他买玩具，但妈妈不答应。小男孩生气地对妈妈吼道："你是笨蛋！你都听不懂我在说什么！"妈妈立刻回答他："是啊，我是你的笨蛋妈妈，所以你是妈妈的小笨蛋！"小男孩子笑了出来，忘了玩具，开始和妈妈斗嘴，争论谁才是真正的笨蛋。

这位妈妈原本可以像以前那样，好好地教训儿子一番，用长篇大论告诉他骂人是没礼貌又没教养的行为。不过，她发现，幽默的方法似乎比较有效。

然而，大多数的父母往往因为忙碌而变得过于严肃，不会想到要把幽默变成鼓励孩子与自己合作的工具。再者，当父母把大部分的教养时间，都用在试图让孩子去做他们不想做的事情时，我想，不论是父母或孩子，都很难保持心情愉快吧。

幽默，可以是你手中一个非常有效的教养工具，有时候，一句幽默的回应可以让你省下长篇大论的时间，而且效果还会出乎你的意料呢！

爱玩，是孩子的天性。事实上，他们的趣味感和好玩的感觉，就是他们最吸引人的地方。就像任何一个大人，在看到一个三岁孩子天真、憨傻的行为，或一个学步儿可爱的、蹒跚、摇晃的步伐时，都会忍不住露出笑容一样。你将会发现，幽默是让你的教养工作变轻松的方法。

当然，不是所有情况都适合使用幽默的方式，有些严肃的事情，你仍需要坚定你的立场。当你对孩子传递的是幽默感，而不是让他不快乐的感觉，通常他都会愿意配合。

以下这些幽默教养法，是许多父母都认为有趣又有效的方法：

即使孩子知道你在演戏，他也会停止使性子

一对六岁和四岁的姐弟，经常跑去向他们的妈妈告状，要妈妈评理，解决姐弟间的纷争。终于，这个妈妈再也受不了啦！

女儿："妈！弟弟故意把屁股对着我的脸放屁！"

妈妈露出惊恐的表情："什么，他竟然对着你的脸放屁！好可怕喔！这件事情很严重，我要赶快打电话叫救护车，不然我们会被臭屁给熏昏的！"

女儿："拜托，妈，你也太夸张了吧！我们只是在玩而已。"

即使是六岁的孩子，也知道妈妈的反应太夸张了，根本就是在演戏，假装害怕。有时候，当你把孩子的小抱怨夸大成一个严重事件时，孩子自己也会明白事情其实没有什么大不了的。

对孩子来说，当看到自己的父母做出夸张又好笑的反应时，他们通常就不会继续生气下去。

有个男孩哭着对妈妈说："我最讨厌你了。"妈妈立刻抱着他，一边亲他的脸，一边说："你真的讨厌我吗？可是，我真的

好爱好爱好爱你耶!"没几分钟的时间,男孩就破涕为笑了。

不过,这一招也会有失败的时候。有时候,当孩子真的很生气时,幽默的方法可能会适得其反。你必须要确定孩子能够领会你的幽默。如果你的幽默让孩子感到更难过,觉得你是在嘲笑他、开他玩笑或讥讽他,那么你就要立刻停止这个方法。

和孩子角色互换，体会他的感觉

当你发现孩子用水彩把几面墙壁画得惨不忍睹时,请你不要立刻作出反应。可以先深呼吸几下,直到你平息即将升起的怒火为止;然后,你站在这位小小艺术家的立场上想一想。一定是因为昨天你赞美他很有绘画天分,所以他想要好好地表现一番给你看。那为什么此刻你要对他发脾气呢?

这时候,比较正确且有效的反应是,跟孩子解释,画纸才是他画画的地方,而不是墙壁,然后陪着他一起清理墙壁。

当你和孩子互换立场时,你就能体会他对自己的行为是否感到舒服。这个工作的确是项很大的挑战。对苦寻不着方法的父母,"换位思考"是最好的建议。

当你回应孩子的态度不再那么严肃时,你会发现,你反而可以轻而易举地制定和执行规则。幽默，永远是你和孩子建立关系时的最佳黏着剂。而且，你也会重新领会到，孩子是如此的神奇，和他们在一起又是如此的快乐。

30

争执后，快速找回平日的良好感觉

当孩子把你惹得火冒三丈时，你要做的最重要的事情是：等到每个人都平静下来时，快速找回亲子之间的良好感觉。不论是父母或孩子，即使争执已经很严重，每个人还是希望家人之间可以维持良好的感觉。

虽然说时间和距离可以治疗许多的伤痛，但是，一个简单的道歉却可以快速让怨恨消失，驱走不安的氛围，并加快重修旧好的速度。

很多父母都会害怕让孩子看到他们脆弱的一面，但这反而是让孩子学习的好课题。因为，每个人都会有脆弱的时候。父母在教养孩子的过程中，也会犯下很多错误，并且感到后悔。然而，当我们承认自己在教养上的不完美时，就会比较容易找回平日和孩子相处时的良好感觉。

一个拥抱和一句简单的话，就能恢复好感觉

有时候，一个拥抱，再加上一句简单的话，就能帮你很快地恢复平日亲子相处的好感觉；有时候，则可能会需要比较长的对话才行，尤其是当问题比较复杂，或争执比较激烈，或者孩子比较大了的时候；还有些时候，当你情绪失控时，一句道歉，是找回好感觉的最佳策略。

也许你觉得，你的父母在教养上犯了错时，从不曾向你道歉过，所以，你也不会对孩子承认自己犯了教养上的错误。或者，你担心，一旦承认自己的错误后，在孩子面前将不再有权威感。

当我们对孩子做了或说了让自己感到后悔的事情或话时，道歉可以充分地表示我们对孩子的尊重，这会比你买玩具给他来弥补自己内心的不安更能帮你们找回美好的感觉。通过道歉的方式，可以让孩子知道，每个人都有可能会犯错，而承认错误更是勇敢的表现。

其实，除了说"对不起"以外，道歉的方式还有很多种。例如：

"我错了。"

"我不该大声对你吼叫。"

"我不是故意要伤害你的感觉。"

"我该怎么做，才会让你觉得好一些呢？"

"我知道已经来不及了，但我还是希望可以收回我刚才说的话。"

"我知道你还很难过，但是，我们可以和好吗？"

如果我们在教养方式上可以融入更多人性，就会比较容易修复关系，找回良好的感觉。

想象你是和一个陌生人在讲话，就不会对孩子吼叫了

六岁小女孩在客厅里疯狂地跑来跑去，妈妈多次要求她停下来，但女儿就是不听。突然，妈妈听到一阵东西碎裂的声音。她转头一看，发现女儿撞倒了一个刚买的玻璃小鱼缸。她又紧张又生气，差点就失控地对女儿大声吼叫，痛骂女儿为什么不听话。

但是，当她转头看女儿时，才发现女儿有多么害怕和不安。于是她控制住自己的情绪，对女儿说："你知道吗？鱼缸撞碎了，我们可以再去买一个，但是如果你受伤了，我会很难

过的。"女儿眼睛含泪地回答："妈妈，对不起，我不是故意的。我爱你。"

　　看到孩子粗心、粗鲁或令人抓狂的行为时，你真的会忍不住想要对他吼叫。这个时候，请你先深呼吸，然后想象一下，如果眼前这个孩子是个陌生人，或是一个你不太熟悉的人，你还会用同样的方式和他说话吗？

第 7 章

父母不懂支持，
孩子容易缺乏自信

31

支持但不强迫害羞的孩子

"你老是怕东怕西的,你到底在怕什么啊?"

"勇敢一点。不入虎穴,焉得虎子!"

"你的胆子怎么小得像老鼠一样呢!"

"你还在犹豫什么啊?"

以上这些话,你是不是常常跟你的孩子说,尤其当他是个个性很害羞的孩子时。其实,这些话正是父母最不该对害羞的孩子所说的话。

每个父母都会希望自己的孩子到了一个新环境时,能够很快地适应,同时可以结交到许多好朋友。但是,害羞的孩子总会紧紧地抱住父母的腿或手,怎么都不肯放开。

看到害羞的孩子拒绝参加一项不熟悉的活动时，父母总会强迫他们去参加，但当孩子的表现不符合父母的期待时，父母又会感到难过、沮丧。

父母该怎么做，才能让害羞的孩子变得勇敢一些，但又不会让他们觉得被强迫呢？答案就是：给予害羞的孩子力量。

以下的建议很值得采用。

试着了解，孩子并不是故意害羞

想象一下这个画面：当你第一天入职，走进一间全部是陌生面孔的办公室，或是参加一个你不认识任何宾客的宴会时，你心里的感觉是什么？

每个人在面对陌生的人、事、物时，都会有紧张或不舒服的时候，即使是再勇敢、世故的人也不例外，更别提那些个性害羞的孩子。由于他们在面对不熟悉的人物与环境时，还不知道该如何处理，因此更容易陷入紧张、不安的情绪中，使自己看起来很笨拙。

根据专家的研究，每五个孩子中，就有两个有天性害羞的状况。虽然我们无法改变他们的天生特质，却可以协助他们变得更放松，更有适应力。

别批评孩子，更别把强迫视为激励

天生害羞的孩子所要面对的批评，比一般的孩子要多，有些是来自外人，但有些则是来自家里的大人。

每当一个大人强迫他时会对他说："干嘛这么害羞，不过就是参与学校的游戏而已。如果你不努力融入其他小朋友的话，就没有办法和他们打成一片，成为他们的一员。"他就得到一个信息："我若是不参与，大家就会觉得我是有问题的孩子。"或者，他也可能会听到内心里自我批评的声音："我就是个不折不扣的胆小鬼，居然连那种游戏都不敢参加。"

大人总觉得说那些话是在鼓励孩子，但孩子觉得那是在强迫他并且会认为天生容易害羞、寡言这项特质是一个缺点。当他如此认定时，自信便会进一步受到伤害，更无法提起勇气尝试新事物，或与人社交。

避免贴上标签，以免对孩子造成负面暗示

当家中有天生害羞、沉默的孩子时，父母经常会对别的大人说："这个孩子就是这么害羞。""我们家的几个孩子中，就属

他比较内向、不爱说话。"当孩子反复听到这些话时，会以为那就是父母对他们的期待，使他们更不敢去尝试新的事物。

因为被贴上了标签，他们可能会进一步往此标签的方向表现，以达到父母预期的标准。持续表现出害羞的样子，就像所有标签一样，它也传达着负面的暗示，例如：胆小、孤僻、不合群等。这些负面的形容词，都只会加重孩子的自卑感。更不幸的是，它们还会成为孩子自我实现的预言。

强调孩子的优点，帮助他提升自信与自尊

害羞、寡言的孩子通常比较缺乏自信，尤其是当他们长期被定位为安静、害羞的孩子时。这会使得他们在学校里变得不受欢迎。分组活动时，他们可能是最后才被选择的孩子。还有，上课时，他们总是不敢举手提问或回答问题，因而被认为是智能不佳的孩子。

身为这类孩子的父母，你一定知道自己的孩子有什么优点。强调、凸显孩子的优点，让他知道你喜欢并欣赏他，才能帮助他提高自信心和自尊心。

请务必牢记，害羞并不是什么坏事。只是他们暖身的时间需要比一般的孩子来得长，也比较不会去做一些有潜在危

险的事，例如，他们就不会随便跟陌生人上车。他们做事情会比较谨慎小心，与朋友一同参与冒险的活动时，会等待并评估情况。

　　最重要的是，在父母的支持之下，许多害羞的孩子长大后，那些特质便会自然消失。

32

创造亲子间的特别时光

很多父母都会认为,和孩子一起创造值得回忆的亲子特别时光,必须投入大量的时间和金钱,例如,去迪斯尼乐园。其实,要和孩子共度亲子特别时光,让他感觉到父母的全心关注,觉得自己很特别,并不一定要去迪斯尼乐园。

想要留下特别的亲子相处时光,诀窍就是:利用零碎时间,提高你对孩子的关注度,并且结合欢乐活动。把这个方法融入你们的生活中,成为家庭生活的固定部分,并把它视为一个重要的仪式。

随时注意寻找,看看是否有临时性的、未经计划的机会,让你可以利用十分钟或十五分钟的时间,全心全意地陪伴孩子。这对孩子而言,就是最特别的时光。

当然，"特别时光"也包含了分享一个愉快的活动或共同完成一件事情。不过，这个活动或事情并不是指父母陪伴孩子去做一件他感到很无趣的事情，例如，带孩子去博物馆探索历史，但孩子却觉得这是个无聊透顶的活动。它必须是能让孩子创造出更多东西，或达到更高标准的活动。

有对夫妻带着九岁的儿子去动物园玩，想要让儿子认识各种动物并了解它们的特性与成长史。几天后，妈妈问儿子，这次去动物园，他最喜欢的是哪一种动物？是狮子、老虎或熊猫？令她意外的是，她竟听到儿子说："我最喜欢的是我们全家坐在草地上吃冰淇淋的时候。"

如何把创造亲子特别时光融入生活中？父母可以考虑以下几项不错的建议：

在这十五分钟里，你的眼里只有孩子

如果你现在有短短的十五或二十分钟时间可以陪伴孩子，就一定要把焦点全部放在孩子身上，把这短短的时间设定为"纯粹亲子时间"。如果电话响了，就让电话答录机来留话，或告诉对方："我待会儿回你电话。"

有位妈妈每次在陪伴儿子时，只要一听到电话铃响，就会去接听电话。有一次，她决定不受任何事情的打扰，好好地陪儿子一起玩。当电话铃声响起时，她没有任何回应，依然专心地陪儿子玩，反倒是她的儿子惊讶地看着她，说："妈妈，电话。"她回答："现在没有什么事情比陪你玩更重要。"孩子的眼神立刻闪着幸福的光芒。

也许你可以同时处理很多件工作。但是，如果你在陪伴孩子玩游戏的同时，还分心查看你的电子邮件，或想着你的工作，孩子就会觉得你并没有真正地参与，没有真心地在关注他。

依据孩子的兴趣，选择亲子共处的方式

在选择与孩子共度特别时光的方式时，要以孩子的兴趣为导向。

孩子的兴趣也许和你不一样，但是，如果你可以融入某个他喜欢的活动，他便会觉得你的陪伴对他很有意义。此外，这也可以帮助你找出你和孩子可以共同分享的兴趣。例如，如果你们都喜欢吃东西，你们可以去不同的餐厅尝试各种美食，或者在厨房里一起做你们都喜欢的料理。

如果没有时间陪伴孩子，要事先告诉他

如果你的工作非常忙碌，没有太多的时间可以陪伴孩子的话，那么最好事先让孩子知道，以免他的计划或期待落空。

例如，对孩子说："星期一到星期三，我都会比较晚下班。所以，你放学回家后，打算做什么呢？"如此，孩子就不会期待着要和你共度"特别时光"了。他可能会自己安排活动，而不会傻傻地等你回家，最后却因失望而大发脾气。

"品质时间"还是"特别时光"？

大部分的亲子教育专家都十分强调"品质时间"的重要性。所谓"品质时间"，是指父母陪伴孩子的每一分、每一秒都应该要让孩子有所学习与成长。但是，极少有父母能够达到那样的目标，孩子也不会喜欢。因为，这种相处的方式会变成一种压力，无法让人单纯地享受亲子关系那种温暖幸福的感觉。

与孩子相处时，不要太看重"品质时间"，而应该把焦点放在彼此的关系和乐趣上，也就是"特别时光"。它可以简单到，只是单纯地一起骑自行车，或是在花园里为植物浇水，或是寻

找昆虫，或是去海滩散步、捡拾贝壳。

最好的特别时光，往往是你和孩子都会很喜欢的、极简单的活动或事情，而不是重大、严肃、让人神经紧绷的事情。

安排和每个孩子"单独约会"的时间

如果你有两个或更多个孩子，那么与父母独处的时光就是每个孩子自己的特别时光。因此，你平时就该试着为每个孩子安排与你单独相处的时间。也许这对忙碌的父母来说很困难，但只要你稍微找出二十分钟，就可以让每个孩子都感到自己被重视，觉得自己很特别。

例如，星期一和星期三和老大来个二十分钟的"单独约会"；星期二和星期四"约会"的对象换成老二。这样的时间分享会令每个孩子都很期待能与你"单独约会"，因为虽然只有二十分钟，他却能得到父母的全部关注，不用担心其他比较爱吵闹的兄弟姐妹从自己身上抢走父母的注意力。

当你开始执行这个计划时，要让每个孩子都清楚地知道游戏规则：还没有轮到自己时，不可以打断别人的"特别时光"。不论你的孩子几岁，这都会让他们觉得是最有意义的事情。

33

通过生活小事培养孩子健康的情绪

如果你问:"该怎么做才能确保孩子的身体健康?"相信大部分父母可以轻而易举地告诉你一长串实用的答案。例如,准备健康的餐点,作息正常,多运动,按时打预防针和定期进行健康检查等等。

但是,如果你问他们:"该如何培养孩子的健康情绪?"可能很难有人回答得出来。情绪健康的重要性不亚于身体健康,但是没有人可以清楚地定义它。例如,你无法测量孩子的情绪温度的高低,没有实际的标准诊断他的心情或感觉,自然的,也就不容易知道它的正确答案。

培养孩子的健康情绪,除了需要长时间的努力外,还要了解孩子天生的气质。每个孩子对于挑战或冲突的回应方式都不一样，有的孩子凡事随遇而安，但有的孩子却很难去协调生活中的危机。

　　根据孩子的需要，加上你与孩子的个别互动，你才能培养出情绪健康的孩子。以下的这些指引，将能帮助你达到此目标。

行为有对错之分，但感觉没有

　　有个七岁男孩，这天晚上的心情非常不好。因为，妈妈不但不准他饭后看他最喜欢的电视节目，还叫他去帮小狗洗澡，而且洗好后还要把狗毛吹干。小男孩看着小狗，哭喊着："我要把它送走！"

　　如果妈妈把儿子的话当真，那么她的条件反射性回应可能是："你怎么可以想要把它送走？你到底是怎么了？它可是你苦苦哀求，我才让你养的耶！"

　　但是，如果她明白，儿子的感觉和他的行动是不同的，那么，她就能以比较正向的方式回应儿子："我知道，你不喜欢帮小狗洗澡。如果把小狗送走，那我们就永远都不用再帮它洗澡了，这样是不是很棒啊？"

　　妈妈的回应等于承认了儿子感觉的合法性，而这正是所有孩子在说了意气用事或夸大其词的话时，想要得到的大人的回应。这样的回应让他们知道，即使自己很生气，但大人会允许他们有"说大话"的感觉。

感觉和行为是不一样的。感觉就是感觉，没有对错之分。人们在经历生气、难过、害怕、失望、挫折的时候，有时会冲动地脱口说出"我恨你""我要宰了你"之类的话。这时，我们就要能够理解，他们只是在发泄情绪，并不会真的采取行动。

只是，当这些话从孩子的口中说出来时，父母往往忘了要去理解他们的感觉。记住，感觉想做某件事和实际去做那件事，是不一样的。

一个能被咨询的父母，才能赢得孩子的信任

八岁的女儿问妈妈："如果你看到小孩子在喝酒，你会怎么做？"妈妈知道这是一件真实发生的事，因为一个八岁的孩子不会问假设性的问题。事实上，前几天她们的确在公园里看到两个十二三岁的男孩在喝酒。

这样的问题通常会引起警告性的负面回应："如果你也和他们一样偷偷喝酒的话，那从现在开始，除了上学之外，你一

步都不准踏出家门。"

但是，这位妈妈并没有采用这种会引发孩子反弹的回应方式，她的正向回应方式给了孩子更大的思考空间。她说："这的确是一个非常重要的问题，你觉得什么是最好的处理方式呢?"

其实，你随时都有机会可以表达你的想法并强化你的价值观，但是，在这之前，应该先听听孩子的想法和反应，这样会对解决问题比较有帮助。倾听，是一个虽困难却很重要的技巧，但必须是"为了倾听而听"，不是"为了回答而听"。

父母要做到让孩子确定，当他们向父母提出任何问题，以及当他们遇到任何麻烦、困扰甚至困窘的时候，走向父母都是很安全的。一对能被孩子咨询、信任的父母，必定不会用武断的方式来回答问题，也不会过度反应或惊讶，或让这个问题变成唠叨、威胁、教训或责骂的机会。

孩子不是你的复制品，要去了解他的独特性

父母总是很容易忘记，孩子是独立的个体，有他们自己的特质，孩子不是父母的复制品。他们也许在人格、气质、兴趣和能力等方面，与自己的兄弟姐妹不同。

有一个六岁的女孩，个性害羞又保守，在人群里她总是无法放松自己，每当来到一个新的环境，她就忍不住慌张不安。

进小学的第一天，妹妹紧张得眼泪汪汪，怎么都不愿意自己走进校门，一直哀求妈妈陪她一起进去。

一般的妈妈可能会认为小女孩太依赖大人，需要帮助她去克服这个问题，于是对她的请求给予负面回应："你这个样子会被其他小朋友笑的！看看你姐姐，她多么喜欢上学啊！上学一点也不可怕呀。"只是，这样的回应不但无法提升小女孩的自信，反而会让她对于自己内向的个性感到丢脸又伤自尊。

但是，小女孩的妈妈了解两个女儿截然不同的个性，并没有将两个姐妹拿来做比较，而是以尊重妹妹的个性的方式来回应她。妈妈说："很多小朋友也和你一样，在进小学的第一天感到紧张害怕。这可是锻炼的好机会哦。记住了，放学的时候，我就会站在这里等你的。"

培养孩子的健康情绪，重点并不在于那些重要时刻，而是生活中每一天、每一分钟的小事情。你平时和孩子之间的互动，便能够一点一滴地让他们知道，你相信他们有能力自己跨出每一小步。

34

孩子选择放弃时，不代表他失败了

父母总是不惜花钱让孩子去学习各种才艺或课程，但有时候孩子只上了几堂课就拒绝再去。见到这种情形，有些感到失望又丧气的父母，便会指责孩子："你每次都是三分钟的热度！这样很浪费钱耶！"更糟糕的是，他们会觉得自己的孩子是一个没有毅力、无法坚持到底的失败者。

把容易放弃和失败画上等号是错误的，对孩子来说也是不公平的。年幼的孩子原本就有强烈的好奇心，看到任何事物都想要去尝试，这其实是很健康的心态。当然，他们的尝试举动就像蜻蜓点水一样，当他尝试的目标转移到下一个时，对上一个目标的热情便会很快消失。这种情况会一直持续，直到他们尝试到自己真正有兴趣的事物为止。

如果你觉得这样不停地尝试新目标，是一种"容易放弃"或"无法坚持到底"的表现，那么，也许下列建议会让你有不同的想法。

你的兴趣未必是孩子的兴趣

有时候，孩子学习某项才艺，或参与某个活动，是因为父母自己非常感兴趣，完全没有考虑到孩子是否有天分或兴趣。

例如，那些希望孩子在某种乐器上表现杰出的热心父母，他们又有多少沾满了灰尘的乐器躺在自家的仓库里呢？见到孩子放弃，他们只觉得自己的希望破灭了。

不要只想到你要孩子做什么，多问问他想要做什么。

先观察孩子一段时间，再决定是否投入

不论是孩子自己的意愿，或是你希望孩子去尝试，在孩子真正投入某一种课程之前，应该先有一段观察期，确定孩子是否真正喜欢。或者，也可以问问老师，能不能在注册之前，先让孩子参与一堂或两堂体验课，看看他是否真的喜欢。大部分的老师都会很乐意让你这么做。

此外，你还要事先了解那些课程需要投入到什么程度。例如：上那些课程需要具备什么条件？一堂课的时间是多久？一星期要上几堂课？以免孩子冲动地投入后，因为无法坚持下去而很快放弃。

让孩子了解，学习过程需要时间、毅力与练习

孩子经常因为看到别人的完美表现，开始对那件事情产生高度的兴趣，而这往往也是他们后来很快放弃的原因。因为他们希望在第一次尝试时，就能做到和那个人一样完美，但是，当发现幻想破灭时，他们便会失去耐心。

例如，他看到某位功夫高手神乎其技的招数，便觉得学功夫很有趣。但是，面对严格的训练课程时，他却感到不耐烦。因此，你要协助你的孩子了解，想要学到神乎其技的功夫，是需要时间、毅力和练习的。

试着找出孩子想放弃的原因

当孩子突然表示要放弃某项课程，而那项课程是他曾经很有兴趣的，这时，你就要把孩子想要放弃的原因找出来。只

要放弃的原因不是他"失去热情"或"不再感兴趣"了，许多外部的问题其实是可以解决的。

例如，他在团体中被欺负，或是老师不喜欢他，总是忽视他的学习状况，就可以考虑让他换班级，或转到别的地方去上课。如果他是个自我要求完美的孩子，总是认为自己的程度不够好，对自己的学习失去信心，那你就可以适时地提供支持和鼓励。

告诉孩子，只求尽力，不求完美

有时候，孩子的想象和现实有很大的差距。他可能认为，他必须立刻达到完美的程度，而当他发现这个目标无法达成时，便会心生挫败感，所以放弃。这时，你就必须让他知道，做任何事情的最佳态度是：只求尽力，不求完美。

对于孩子任何小小的进步，都不要忘了对他表达你的赞美。例如，如果你的孩子在学游泳，你可以借由他能不能做到打水前进来衡量他的成功，然后再进到下一个阶段踢水前进，而不是只将最后的结果作为成功与否的判断标准。如此，便可以让孩子在每一个小阶段中，都能得到满足感与信心。

35

协助孩子培养"优雅输家"的风范

学习如何输得优雅,是一个必要的社交技巧,它比学习如何赢更重要。这是成为一个令人尊敬的运动员必须要具备的风范。但是,如果父母本身非常在乎输赢,无法接受失败,每次输了之后,就显得很愤怒、很沮丧,自然也就无法教育孩子领会"优雅输家"的价值。

学习怎样输得优雅,是赢得他人尊敬与欢迎的关键因素。父母需要教导孩子明白一个道理:参与运动的主要理由,是为了扩展他们的社交圈,参与有规划的游戏、做运动和学习团队协作。而当你是一位"愤怒的输家"时,你就无法拥有并达到这些目标。

如何协助孩子成为一个"优雅输家"? 以下这些方法会帮

你轻松达成这个目标。

偶尔要让孩子尝尝 "输" 的滋味

孩子在玩游戏时，总是喜欢赢父母，而父母通常也都会故意放水，让孩子赢，因为他们想看到孩子获胜时的高兴神情，不希望看到孩子因为 "输" 而落寞或发脾气。

但是，一旦他们在家里每次都赢，久而久之，便会觉得自己不可能输，并期望不论任何时候，也不管对手是什么人，他们都能赢。

问题是，除了父母之外，没有人会故意放水让他们赢的。一旦他们输了，信心就会受到打击，而比赛对他们而言，再也不是一件有趣的事情了。

偶尔要让孩子尝尝 "输" 的滋味，他们才能学习到：游戏或比赛原本就是有输有赢的，输了，也要做个有风度的人。

鼓励坚持，有勇气，并强调乐趣至上

教导孩子如何成为一个 "优雅输家" 时，可以特别列举某些人努力对抗强敌的例子。

175

例如，当你们在观赏篮球比赛时，你可以说："尽管两队比分悬殊，比赛提早打入垃圾时间，但落后的那一队仍然不放弃而且奋战到底，我非常欣赏他们的运动精神与态度。"或者，当你最喜欢的田径选手在跨栏比赛中跌倒时，你可以向孩子指出那名选手如何迅速地站起来，不顾脚上的疼痛，继续奋力地向前跑，即使他已经胜利无望，但却表现出绝佳的输家风度。

当然，你也不忘强调，任何比赛最重要的意义，都是为了享受乐趣。不管赢或输，比赛都让参赛者拥有了珍贵的终生回忆。而懂得如何输得优雅和快乐的人，才是真正的生活赢家。

教育孩子输赢的智慧

一个九岁男孩，非常热爱玩桥牌游戏，也非常喜欢当赢家。有一天，他和爸爸玩牌时，他输了。他无法接受这个事实，便气愤地把桌上的牌全给挥扫到地上。

爸爸对他说："我知道你很喜欢赢，可是，谁不喜欢赢呢？如果能够赢，有谁愿意当输家呢？但是，我希望你能明白，成为一个好的运动家的重要性。即使输了，你仍然要保持风度。"

　　爸爸给了儿子两个选择：一是，继续玩，但如果他又输了，然后又无法控制自己的情绪，在未来的两个星期内，他不再跟他玩牌；二是，从此刻开始停止一起玩牌，直到他觉得能够控制自己的情绪，而且就算又输了，也保证一定会当一个有运动精神的输家。

第 8 章

父母不追求完美，
就是最好的教养技巧

36

"完美父母"不如"刚刚好父母"

　　不论是杂志、书籍、电视节目、电影,只要讨论到有关教养的议题,几乎都会提出一个相同的问题:"什么是好父母?"热心的人们也会提醒为人父母者要收看某个类型的节目,因为画面上呈现出父慈子孝的典范、幸福快乐的生活以及充满正面能量的对话。另外,儿童专家和教养专家们也不断地提出新的教养方式。

　　这些让人躲也躲不掉的资讯轰炸,会让父母充满挫败感,害怕不论自己再怎么努力,尝试了再多的方法,也无法达到那些专家口中的"好父母"标准。

　　事实上,理想的家庭并不存在。现在该是让那些无法达到这难如登天的标准的父母,停止内疚与深深挫败感的时候了。即使我们幻想自己是个理想父母，但我们实际表现出来的，却是相去甚远。

就像许多人在还没有孩子前，都会坚信自己未来一定是个好父母，甚至信誓旦旦地说："我发誓，我绝对不会像我父母那样教养孩子！"但是，最后他们不得不承认，自己做了和父母完全相同的事情！

"典范家庭"和"好父母"的理想，其实都是有伤害性的教养迷思。我们就来看看这些迷思是什么，以及如何推翻它们。

好父母会把爱均分给每个孩子
vs
每个孩子都需要不同的教养方式

任何有兄弟姐妹的人，都能从成长的经验中体会到，父母对待每个孩子的方式都不一样。这种现象其实并不奇怪，因为每个孩子都有其独特的人格特质。

但是，如果父母想要以完全公平的方式，把他们的爱和关注均等地送给每个孩子的话，他们自己就会是家庭中第一个抓狂的人。身为父母，虽然我们也都知道，要尽量不偏爱某个孩子，但不可避免的是，我们还是会比较喜欢其中的一个孩子，尤其是当那孩子比其他孩子容易相处时。

只要努力，就一定能达到"品质时间"
vs
这是一个不可能的目标

　　"品质时间"本身就是一个迷思、一个神话，几乎没有父母有能力做到这一点。首先，从来就没有人对"品质时间"下一个明确的定义，所以父母做这件事情时会毫无依据，以至于当目标无法达到时，就会产生很深的挫败感。

　　再者，你为孩子所规划的"品质时间"内容，孩子不一定都会感兴趣，也不见得都会乖乖地配合。结果，"品质时间"反而破坏了你和孩子可以随兴一起享受生活的机会。它会迫使你和你的孩子为了达到某些不可能的理想而承受极大的压力。

你和孩子可以达成公平协议
vs
你只是在浪费宝贵时间

　　家中有兄弟姐妹的成人，在孩子们的成长过程中，最常听到每个孩子所说的话就是对父母抱怨："你不公平!"因为，他们会计算罐子里有多少颗糖果或多少片饼干，以确保没有人会拿得比较多。

不论父母多么努力地想要公平地对待每个孩子，孩子仍然永远认为父母不公平。有位妈妈甚至指出，她的孩子就连拍照的事情都要计较。他们会把全家一起出去郊游的照片仔细算过，看看父母帮哪个孩子拍了比较多的照片。

面对这种不可避免且永不停息的抱怨，父母唯一能做的就是接受它，然后让它自动消失。不要期待你的孩子会相信生活是公平的，你只是在浪费宝贵的时间罢了。

如果你爱孩子，他们就会爱你，感激你
vs
孩子不是你的朋友，但你并不知道

有位"教养宗师"曾经深刻且贴切地形容亲子关系："教养的悲剧是，我们是他们的朋友，而他们不知道；他们不是我们的朋友，而我们也不知道。"

很多父母都很难对孩子说"不"或制定规则，因为担心孩子会因此而不快乐。但是，就教养的职责来说，父母必须是那

个会让孩子暂时不快乐的人。

　　创造"完美家庭""完美父母"的幻想，就是在创造自己的挫败感、自责和遗憾。别再陷入完美父母的教养迷思了，做一个"刚刚好的父母"会更实际一些，因为它才是一个真正值得努力追求、也实际能够达到的目标。

37

联合阵线 vs 各个击破

　　教养专家在提供建议时,经常会鼓励父母要"联合阵线",如此才可以预防孩子离间父母,然后"各个击破"。然而,"联合阵线"并不是一个真实目标。因为,很少有父母管教孩子的态度是一致的,父母可能随时都会有不同的意见。毕竟,父母也是两个独立的个体,气质、个性、喜好、思考方式和个性都不相同,成长的背景也不一样,因此,在孩子的教育问题上有意见和分歧也是很自然的。

　　当然,孩子也不是省油的灯。别以为他们年幼,就不懂得耍心机。他们总是有办法观察出父母不同的地方,并利用这个把柄为自己谋福利。当你和另一半在制定规则和管教方法上有明显的差异时,孩子就会利用它来离间父母,然后各个击破，使得情况变得对自己有利。

　　父母要如何团结一致，为孩子制定一个清楚而持续的标准呢？该怎么做才能避免传送混淆的信息，也不会让孩子有机会离间你们呢？关键在于：努力寻求一致的立场和协议，而不是错误的"联合阵线"。以下列出的指导原则，或许可以帮助你们找到共识：

接受和尊重彼此的差异，管教孩子才能立场一致

　　每对父母的成长环境与价值观都不同，很有可能你的父母以严格的方式教育你，而你的另一半却是在一个放任的环境中长大的。

　　不管我们认不认同父母的管教方式，也不管我们愿不愿意承认，他们的教养方式都会深刻影响到我们。当我们管教自己的孩子时，父母是我们唯一的老师，而这也是导致夫妻管教态度差异的原因。对此，许多人觉得应该要摆脱父母的方式，用不同的观念来教养自己的孩子。

　　这个不同的观念就是，接受和尊重你们的差异。当你无法认同另一半的某个管教方式时，请记住，在那个当下，一定要闭上你的嘴巴，不要在孩子面前表现出不一致的态度，反驳

你的另一半。

如果你对另一半的处理方式有任何不认同的看法，可以留到私底下再表达。例如，"我知道儿子的行为让你很生气，但你也知道的，他就是一个很有想法的孩子。我想，也许我们可以找到更适合他个性的管教方法，你觉得呢？"

别掉入孩子"渔翁得利"的陷阱

渔翁得利，是孩子擅长操作的策略。如果妈妈拒绝他们的要求时，他们就去找爸爸，通常爸爸就会让他们如愿以偿。

为了预防孩子使用这种"各个击破"的手法，父母就得建立清楚的规则：当爸爸或妈妈其中一个人说"不"的时候，就是不；而且要非常确定孩子了解这个规则，并在他们破坏规则时，父母两人彻底执行。

父母不可能在每个规则上都意见相同，但在"大方向""重要规则"上，要达成共识，采取一致的立场。如此，一旦发现孩子违反规则，而需要决定该如何处理时，我们才能得到另一半的支持，才不会让孩子有各个击破的机会。

孩子与另一半起争执时，别介入

当孩子和你的另一半起冲突，用哀求的眼神或语气拜托你帮忙说情时，你绝对不要加入他们的战争。这个时候，你只需对他说："那是你和妈妈（爸爸）之间的事。我想你们有办法解决的。"

当孩子遇到问题时，要鼓励他直接和你的另一半讨论。不过，要注意的是，孩子通常会利用这个机会，试着离间你们夫妻，然后利用你来对抗你的另一半，希望借着制造父母的冲突来引起你的注意，并得到他想要的东西。

以时间换取空间，寻求夫妻的共识

当孩子抱怨你的另一半、而你并不知道详细情形时，不需要立刻回答孩子，或对事件做出评断。这个时候，最佳的回应方式是你告诉孩子："我会找爸爸讨论一下，然后再回答你。"

特别是当孩子提出一个你和你的另一半可能有不同意见的请求时，这个回应方式尤其有效。如果你的孩子年纪比较大了，你可以让他知道，你和你的另一半不会对所有事情都永远态度一致："就像你知道的，爸爸和我有时候对事情的看法会不一样。我会和爸爸讨论你的要求，看看是不是能达成共识。"

夫妻教养见解不一致时，不要攻击对方

虽然夫妻知道有意见分歧时，要私底下讨论，但是，有些时候，你们还是会忍不住地公开表达不同的看法。当这样的情况发生时，请务必记住，绝对不要因争执不下而谩骂和讽刺对方。

当你觉得怒气开始浮现时，不妨先离开现场，或闭上眼睛深呼吸，花点时间让自己先冷静下来，再重新回到争执的问题上。不要用语言攻击你的另一半，例如："为什么你每次都让我扮黑脸呢？""你每次都不支持我！"比较正确的做法是，你把自己的感觉说出来："你每次都让我扮黑脸，这样会让孩子觉得我是个坏妈妈，而你是个大好人，这让我觉得很生气、不公平。"

如果孩子看到你们为了管教问题起争执时，要让孩子知道，你们的争吵并不是他的错。同时，要让他知道，你们虽然意见不同，但仍会尊重彼此，还是会彼此深爱。更重要的是，要让孩子看到你们在冷静后如何重修旧好。

38

只有父母才知道怎么做对孩子最好

当你成为父母时，你很快就会发现，身边的每个人都立刻变成了教育专家。家人、朋友，甚至是陌生的人，都会热心地提供许多建议或批评。

一开始，你也许会像其他新手父母一样，来者不拒，感觉好像连一个路人都比你还要懂怎么教孩子。在不同的场合里，你可能经常会被蜂拥而至的质疑或批评淹没。例如：在餐厅里，有人批评你没有把餐桌礼仪教好；在卖场里，有人指责你"难道不知道要教孩子排队吗"；更别提还有自己的父母与另一半的父母。而当你认真地把每个人的评语都放在心上时，你却越来越觉得自己是个不及格的父母。

回首过去，你会希望当时能够很自信地告诉那些人："我真的比你们更了解怎么做对我的孩子最好。"你会希望当时可以不必那么在乎那些人的话、那些不认同的眼神。

如何回应好管闲事的陌生人

那些自以为热心的陌生人，总爱不停地给你"正确的建议"。当然，你可以完全不理会他们。但是，有些时候，当遇到一些令人气愤的批评时，你也许真的很希望自己能有一个有力且公平的反驳方式。

下次，当碰到那些用自己的标准来批评你的教育方式的陌生人时，你可以这样回应他们：

陌生人说："你儿子真的很讨厌。"
你的回答："我很抱歉你这么觉得。"并转身离开。

陌生人说："你怎么可以让你的孩子穿着那样就出门？"
你笑着答："我觉得很好看啊！"

陌生人说："弟弟，你怎么都不说话？舌头打结了吗？"
你坚定地说："我教过他不可以随便跟陌生人说话。他很乖，都听进去了。"

陌生人说："你怎么可以这样教你的孩子？"

你的回答："我敢说如果你是他的妈妈，你一定会有不同的教法。"

陌生人说："换成是我，我绝对不准孩子带那个东西来游乐场。"

你的回答：狠狠地瞪他一眼。

39

学会减轻挫败感

　　每个父母在自己的孩子出生之前，都坚信自己未来一定是一个对孩子很疼爱又极有耐心的完美父母。但是，等到孩子出生后才发现，先前所勾勒的完美父母形象根本就无法达到，自己根本就是个糟糕的父母。这样的落差对很多父母而言，是一种沉重的打击，心中的挫败感也跟着一波波地涌上来。

　　绝大多数的父母都有挫败感，但是这种挫败感其实没有正面意义。它只是不断地重复浮现，让人陷入无止境的自责，却又不能改变些什么。

　　如果你也有同样的情况，那么，你就该练习试着减轻你的挫败感。但更重要的是，你必须要知道你在哪些方面做得很好。

应该如何减轻自己的挫败感呢？关键的步骤是把引起挫败感的原因找出来。

"想要弥补遗憾"的挫败感

在女儿开始上幼儿园后，妈妈又重回职场担任全职工作。可是，每天早上，当她把三岁半的女儿送到幼儿园，看着她走进教室时，强烈的挫败感便涌了上来。因为，每次女儿看到她转身要离开时，便会哭着大喊："妈咪！妈咪！"

女儿哭泣的画面会一整天都在她的脑海里打转，女儿的哭声仿佛还在耳际，而她还得面对新工作的压力。这让她每到晚上便感到疲惫不堪，没有多余的力气与心情陪女儿玩游戏了。她唯一能做的，就是坐在沙发上念故事给她听，或半睡半醒地陪她看电视。

尽管幼儿园的老师说，其实在她离开后她女儿很快就平静了下来，但她还是无法挥去心中的挫败感。为了弥补不能陪伴女儿的遗憾，她在某个星期五提早下班，想给女儿一个惊喜。出乎她意料的是，当女儿看到来接她放学的人是妈妈时，不但没有觉得惊喜，反而抱怨："放学后，奶奶都会带我去图书馆听故事阿姨讲故事。我现在还不想走，我要等奶奶！"

"我是坏妈妈"的挫败感

所有的父母都希望他们的孩子快乐。但是，这个希望有时会和规则产生冲突。当你对孩子说"不"时，他们是不可能称赞你是个有判断力的好妈妈的；当他们生气地指控你时，你就会感到失望、难过，甚至是害怕。所有的妈妈在听到孩子说"我讨厌你，你是坏妈妈"时，心会痛得揪在一起吧。

不过，有一位妈妈听到孩子这样的指控时，反而微笑地回答："宝贝，因为我是坏妈妈，所以你才会变成一个好女儿啊！"她没有让孩子的指控带给她挫败感。

"我应该要做得更好"的挫败感

很多父母都会为了"我应该……"感到困扰不已。例如，我应该每天为家人准备热气腾腾的三餐；我应该让孩子得到他想要的玩具；我应该在放假的时候带孩子出去玩；我应该每天晚上都为孩子念故事；我应该给孩子更多的关注。因为数不完的"我应该"，父母的挫败感变得越来越深。

其实，消除挫败感的最好方法就是把这些"我应该"的事情都忘掉，让自己放轻松一点。因为这种"我应该"的事情永远无法做到尽善尽美，所以没有必要把"应该"强加在自己的身上。当你能够拒绝挫败感的折磨时，才能真正自由地享受和孩子在一起的时光。

40

身心平衡，才能健康地教养孩子

虽说父母是二十四小时的工作，但那并不表示你不需要休息，当一个二十四小时无休的养育机器。能够维持身心平衡的父母，才能够带着健康的情绪去教养孩子。

为了维持身心平衡，你得做到下列事项：

让孩子知道，有时你不一定能够立刻回应他们

要非常清楚地让孩子知道，当他们要求你的关注时，你并不一定都能够立刻回应他们。如果你的孩子年纪比较大了，没有你的陪伴也可以自己玩时，就有能力明白，有些时候你是不能被打断的。

有位妈妈为孩子定了一些非常明确的规则：当她在使用厕所的时候，除非有紧急的事情，否则任何人都不可以来敲门叫她；另外，在自己家中的工作室门口，她贴了一张告示，除非有紧急的事情，否则三点以前，请勿打扰。

我敢说，那些不论到哪里都一定得带着孩子的父母，一定会认为自己是最尽职的父母。但是换个角度来看，那似乎也表示，他们缺乏自己的需要。

有许多父母从来不请保姆来帮忙照顾孩子，或者从来不会不带着孩子一起去度假。但是，如果你把孩子留给一个负责任的保姆，那么，当你不在的时候，大部分的孩子其实都能把自己照顾得很好。

当你听到孩子说"妈妈不要走"时，并不表示你的离去会让他活不下去。其实，当你真的离开时，他反而可以按照他自己的节奏运作。

我相信，偶尔离开你的孩子几个小时或一天，才是真的在帮自己和孩子的忙。通常，能够短暂离开孩子的父母，都会带着全新的精力和热忱回来。更何况，短暂离开孩子，也能让孩子知道，父母彼此之间的关系也是很重要的。

让自己暂停和休息一下，是关爱孩子的做法

父母经常会把"爱"与"无限的关注"混淆在一起，但是有时候，短暂的休息反而会是更关爱孩子的做法。如此，当孩子需要你的关注时，你会比较有精神去关注，也比较不会因不耐烦而发怒。

记住，对一个无法好好睡上一觉的父母而言，所有的事情都会比原来难上十倍，你的耐心因此会快速地被磨光，你的容忍度也会变得很差。虽然你的孩子很爱你，但是不要期待他们会在乎你的需要。试着回想一下，你可曾听到孩子对你说："妈妈，你看起来好累喔！要不要休息一下呢？我们不会吵你的。"

不要以你自认为是"最好的方式"去教育孩子，你就是要让他们知道，你的人生不是只为了随时随地解决他们的需要而存在的。

结　语

和孩子一起留下 美好的回忆

你还记得小时候和父母一起做的某件事情给自己留下的很美好又特别的回忆吗？

不管你的回忆是什么，我都相信这个问题的答案能够让我们了解到：我们现在传递给孩子的价值观与态度，能在他们身上产生长远的影响。

和孩子一起留下美好的回忆，不一定要做特别重大的事情。许多美好的事物可能再平凡不过。它们与花多少钱无关，也与孩子是否收到玩具和昂贵的礼物没有关系。它们也许是成人司空见惯，但却触动孩子心灵的事物，例如，某一种非常值得期待的东西，或是会让孩子觉得很特别的仪式。

身为父母，我们可以从自己的成长经历中学习到很多事情。希望你因此愿意花时间和孩子好好相处，去发现和延续一些简单却美好的传统。

图书在版编目(CIP)数据

不是孩子不优秀，而是父母管太多 / 胡玲美著. —上海：上海教育出版社，2017.12
（教子有方系列）
ISBN 978-7-5444-7944-8

Ⅰ.①不...　Ⅱ.①胡...　Ⅲ.①家庭教育　Ⅳ.①G78

中国版本图书馆CIP数据核字(2017)第310889号

策划编辑 谢冬华　王爱军
责任编辑 王爱军　钦一敏
封面设计 周　吉

不是孩子不优秀，而是父母管太多
胡玲美　著

出版发行　上海教育出版社有限公司
官　　网　www.seph.com.cn
地　　址　上海市永福路123号
邮　　编　200031
印　　刷　上海展强印刷有限公司
开　　本　890×1240　1/32　印张6.5　插页1
字　　数　109千字
版　　次　2017年12月第1版
印　　次　2017年12月第1次印刷
书　　号　ISBN 978-7-5444-7944-8/G·6558
定　　价　36.00元

如发现质量问题，请向本社调换　电话021-64377165